V&R

Philosophie und Psychologie im Dialog

Herausgegeben von
Christoph Hubig und Gerd Jüttemann

Band 15: Thomas Gil / Wolfgang Mack
Funktionen der Seele

Thomas Gil / Wolfgang Mack

Funktionen der Seele

Vandenhoeck & Ruprecht

Bibliografische Information der Deutschen Nationalbibliothek

Die Deutsche Nationalbibliothek verzeichnet diese Publikation in der Deutschen Nationalbibliografie; detaillierte bibliografische Daten sind im Internet über http://dnb.d-nb.de abrufbar.

ISBN 978-3-525-45244-8

Weitere Ausgaben und Online-Angebote sind erhältlich unter: www.v-r.de

Satz: SchwabScantechnik, Göttingen
Druck und Bindung: ⊕ Hubert & Co., Göttingen

Gedruckt auf alterungsbeständigem Papier.

Inhalt

Vorwort

Die Fragen nach der Seele haben eine lange Tradition in der Philosophie, aber in der modernen wissenschaftlichen Psychologie, die es seit dem 19. Jahrhundert als eigenständige Universitätsdisziplin gibt, ist der Begriff Seele kein wissenschaftlicher Grundbegriff. Für einen Philosophen – Thomas Gil – und einen Psychologen – Wolfgang Mack – ist dies mit Anlass gewesen, über den Begriff der Seele nachzudenken. Gerd Jüttemann regte uns beide an, die Früchte unseres Nachdenkens in die Reihe »Philosophie und Psychologie im Dialog« einzubringen, wofür wir ihm herzlich danken, ebenso sagen wir dem weiteren Reihenherausgeber, Christoph Hubig, unseren Dank sowie dem Verlagsteam.

Wir – Thomas Gil und Wolfgang Mack – vereinbarten, uns nicht im Detail über die Inhalte unserer Haupttexte abzusprechen, sondern den Begriff der psychischen Funktion als Ausgangspunkt für unser Nachdenken über den Begriff »Seele« zu wählen. Der Grund dafür war die Ansicht, dass es problematisch ist, von einer eigenständigen Entität Seele oder gar einer Substanz Seele auszugehen. Dennoch wollten wir versuchen, der Realität des Seelischen gerecht zu werden, indem wir uns Gedanken zu einer wissenschaftlich akzeptablen Verwendungsweise des Begriffs »Seele« machten. Ein gemeinsamer Ausgangspunkt war Aristoteles Schrift »Über die Seele«. Wir verfassten unabhängig voneinander zwei Haupttexte, die wir uns zusandten, jeder schrieb dann zum Haupttext des anderen eine Replik oder einen Kommentar. Diese vier Texte werden hier präsentiert. Wir sind der Meinung, dass wir damit der interessierten Leserin, dem interessierten Leser eine gute Möglichkeit bieten, sich zur Seelenthematik zu informieren und sich weiterführende Gedanken machen zu können. Wir beanspruchen nicht, die Seelenthematik umfassend systematisch und historisch dargestellt zu haben. Aber wir sind der Überzeugung, die wichtigsten Probleme anzusprechen, Lösungen dazu aufzuweisen und Wege möglichen Weiterdenkens zu eröffnen.

Wolfgang Mack legt dar, dass die aktuelle wissenschaftliche Psychologie eine Psychologie ohne Seele ist, und geht in einer problemhistorischen Betrachtung darauf ein, warum dies so ist. Seele kann als Bezeichnung für das Insgesamt der psychischen Funktionen und als Organisation eines Lebewesens verstanden werden. Entsprechend ist der Vorschlag, die Bedeutung von Seele in das semantische Feld von Lebewesen, Mensch und Person einzuordnen. Seele wird von daher nicht als Substanz verstanden, aber es wird die Frage gestellt, ob nicht die natürlichen Dinge, die wir als Lebewesen bezeichnen, Substanzen sind. Die Fähigkeit, die sich in solchem Fragenkönnen kundtut, verweist jedoch auf Probleme, die über die Psychologie hinausgehen.

Thomas Gil folgt Wittgensteins sprachkritischer, »therapeutischer« Methode zum Verständnis mentaler Wörter durch das Aufweisen ihres Gebrauchs in der menschlichen Wechselrede. Mit der Methode der Analytischen Philosophie geht er von Aristoteles aus, um anhand uns vertrauter mentaler Begriffe wie Wahrnehmen, Denken, Wollen und Fühlen psychische Funktionen zu klären. Das Klärungsziel ist, welche fundamentale Rolle diese psychischen Funktionen im Leben des Geistwesens Mensch spielen. Er sieht den Ausdruck »psychische Funktion« geradezu als eine revolutionäre Begriffsbildung an, die die Rede von Seelenteilen überflüssig macht und die es erlaubt, die Seele als »Gesamtheit von Funktionen« anstatt einer Substanz zu verstehen.

Wolfgang Mack und Thomas Gil

Wolfgang Mack

Die aktuelle Psychologie ist eine Psychologie ohne Seele

»Psychologie« heißt übersetzt »Lehre von der Seele« und entsprechend erwartet man, über die Seele belehrt zu werden. Will man daher die Bedeutungen erkunden, die mit dem Wort »Seele« verbunden sind, liegt es nahe, in wissenschaftlichen Texten der gegenwärtigen Psychologie nachzuforschen. Sucht man aber mit dem Schlüsselwort »Seele« in aktuellen deutschen Lehrbüchern der Psychologie und in den Forschungsliteraturdatenbanken, dann findet man sehr wenig zu diesem Begriff. Schönberger (2011, S. 1956) konstatiert, der Begriff »Seele« habe längst »nicht mehr den Rang, den er im philosophischen Denken der Antike und des Mittelalters hatte«. »Nicht nur aus der Theologie, auch aus der Psychologie ist natürlich der Begriff der Seele längst entschwunden« (Schönberger, 2011, S. 1956). »Natürlich« ist das nicht, dass der Begriff der Seele aus der Psychologie verschwunden ist, denn die neuzeitliche, universitär institutionalisierte Psychologie hatte nie einen Begriff der Seele als wissenschaftlichen Basisterminus. Dazu mehr im Folgenden.

Aktuell ist die in Universitäten institutionalisierte Psychologie eine Psychologie ohne Seele. Bibliometrisch betrachtet ist dies jedenfalls so. In der deutschen Datenbank psychologischer Fachliteratur PSYNDEX finden sich Anfang 2012 von 1958 bis 2011 490 Einträge mit dem Wort Seele im Titel bei circa 200 000 Einträgen, jährlich sind das etwa neun Titel bei circa 8 000 neuen Titeln pro Jahr. Deutlich weniger als ein hundertstel Prozent der jährlichen Fachpublikationen tragen demzufolge Seele im Titel. Ein Durchblick ergab, dass deutlich mehr als dreiviertel davon schon vom Titel her erkennen lassen, dass der Begriff »Seele« nur metaphorisch gebraucht wird. In der amerikanischen Datenbank psychologischer Fachliteratur PSYCHINFO fanden sich von 1950 bis 2011 1160 Treffer zum Wort *soul* bei circa 3 138 000 Titeln und bei einem mittleren Titelzugang pro Jahr von etwa 51000. Circa 19 Titel pro Jahr mit *soul* ergibt einen relativen Wert im Bereich der zehntausendstel Prozent.

Auch wenn das Wort »Seele« heute wenig verwendet wird und auch wenn es ein umfangreiches, differenziertes Bedeutungsfeld von Seele gibt (vgl. Stichwort »Seele« in Ritter, Gründer u. Gabriel, 1995), so scheint das Vokabular, das die Psychologie verwendet, ausreichend genug zu sein. Das Fachwissen einer Wissenschaft besteht aus einem semantischen Begriffsnetz und in dem der Psychologie nimmt »Seele« keine relevante Stelle und Funktion ein. Zugespitzt kann man sagen, dass »Seele« für die aktuelle Wissenschaft der Psychologie ein rein historischer Begriff ist. Er ist nur noch für die Wissenschaftsgeschichte der Psychologie und Philosophie relevant, spielt aber keine Rolle für das Formulieren von Forschungsfragen und ist nicht von semantischer Zentralität für Forschungsprojekte. Die Forschung und die Lehre der Psychologie floriert, was belegt, dass man ohne den Begriff Seele erfolgreich Psychologie betreiben kann.

Recht häufig ist in der deutschen Sprache der Wissenschaften die Wendung »Leib-Seele-Problem«, aber auch hier ist zu konstatieren, dass es sich um eine traditionelle Bezeichnung handelt, viele sprechen lieber vom »Geist-Gehirn-Problem« oder vom »psychocerebralen Problem«. In der Lingua franca der Wissenschaften der Gegenwart spricht man vom *mind-body-problem,* wodurch man vermutlich sicher ist, jeden Anklang an religiöse, metaphysische Konnotationen des Begriffs *soul* zu vermeiden. Die deutschen Wörter »Geist« und »Seele«, aber auch traditionelle Wörter wie »psyche« oder »anima« spielen keine Rolle außerhalb von historischen Forschungskontexten.

Die häufige Verwendung der Adjektive seelisch, psychisch, mental und geistig zeigen an, dass die Seele als Eigenschaftswort weiterlebt, im englischen Sprachraum vor allem in Form von *mental,* wobei *mens* im lateinischen Westen, vor allem beginnend mit Augustinus, als Übersetzung für den höchsten Seelenteil, die Denk- oder Geistseele (griech. *nous*) verwendet wurde und im Deutschen primär mit »Geist« übersetzt wird (vgl. Stichwort »Geist« in Ritter, Gründer u. Gabriel, 1974). Ethnografische Studien zur semantischen Vielfalt mentaler Wörter zeigen, dass es in den Sprachen keine Terminologie gibt, die darauf schließen ließe, Mentales würde klar und deutlich untergliedert und interpretiert (vgl. Wierzbicka, 1989), das gilt auch für die Geschichte des Wortes »psyche« der vorplatonischen Zeit (Jahn, 1987). Man kann davon ausgehen, dass in allen Sprachen Wörter ausgebildet wurden, um Belebtes von Totem, Unbelebtem zu unterscheiden, aber auch Seelisches von Nichtseelischem. Die Charakterisierung des Seelischen selbst ist aber eher diffus, meist wird Seelisches von alters her in enger Verbindung mit der Deutung des Lebendigseins verstanden. Durchaus sinnvoll bedeutet *psyche* (griechisch) Atem, denn nur atmende, lebendige Wesen zeigen das, was wir als Beispiel für Seelisches ansehen können, ebenso das lateinische *spiritus* verweist auf die (Atem-)Luft als pars pro toto des Lebendigseins. Ähnlich verhält es sich mit *atman* (Pali, Lebenshauch, Atem) oder dem hebräischen *ruah* (Geist, Wind etc.) oder *nephesh,* wobei Letzteres wörtlich Schlund, Kehle, Rachen heißt und den für das Lebendigsein wichtigen Eingang und Ausgang des lebendigen Körpers bezeichnet, wo auch die luftgebundenen Lautgebungen des Menschen erzeugt werden, besteht doch die menschliche Stimme auch aus Luftdruckmustern, die dem Atmen abgepresst werden müssen (Marinkovic, 2010).

Guttenplan (1997) berichtet eine »Gliederung mentaler Aktivitäten«, basierend auf dem Klassifizieren englischsprachiger Worte, die Mentales bezeichnen. Diese von Studierenden vorgenommenen Klassifikationen lassen sich entlang der Innen-Außen-Dimension anordnen, die am einen Pol die innere Erfahrung kennzeichnet, wozu Bezeichnungen für Empfindungen, Erlebnisse, Gefühle gehören, die von außen nicht beobachtbar und teilweise nicht gut versprachlichbar sind. Am anderen Pol steht *agency,* die psychischen Verfassungen, die mit dem Verändern von Weltzuständen befasst sind wie Wählen, Beabsichtigen, Greifen, Intendieren, Entscheiden, Erschließen. Einen dritten Pol kann man mit Einstellungen und Überzeugungen umschreiben wie Überzeugung, Wunsch, Denken, Vorstellen. Letztlich handelt sich bei den beiden letztgenannten Polen um prinzipiell sprachlich kommunizierbare mentale Zustände und Vorgänge.

Worauf ich mit dieser Überlegung hinweisen möchte, ist, dass die psychologische Terminologie sehr uneinheitlich ist. Darauf verweist insbesondere der amerikanische Psychologiehistoriker Kurt Danziger (1997) in seinem Buch »Naming the mind«. Danziger zufolge greifen wir mit Psychisches bezeichnenden Worten aus der Welt keine natürliche Arten heraus, wie wir dies zum Beispiel tun, wenn wir die Natur einteilen und wie dies in den Disziplinen Geografie, Geologie, Physik, Astronomie und Biologie praktiziert wird. Stattdessen bezeichnen, so Danziger, psychologische Terme nicht *natural kinds,* sondern *human kinds,* also begriffliche Gliederungen und Weltausschnittbildungen, die synchron zwischen den Kulturen und diachron historisch in der Sukzession von Kulturen eine hohe semantische Variabilität aufweisen. An dieser Stelle kann man sich fragen, ob die Unterscheidung *natural kinds* und *human kinds* informativ ist. Meines Erachtens ist es nötig, sich an dieser Stelle klar zu machen, welche ontologische Verpflichtung man eingeht mit der Verwendung einer mentalen Terminologie, diese Frage wirft Danziger mit seiner Unterscheidung *natural kinds* versus *human kinds* auf.

In unserer Alltagsontologie dominieren Dinge und Ereignisse sowie Eigenschaften, zu denen ich auch Relationen und damit auch Funktionen zähle. Dinge zerfallen in natürliche wie Lebewesen und Artefakte wie Stühle, wobei Dinge das sind, was wir natürlich abzählen können, weil es sich um dreidimensionale Gebilde handelt, die als Ganze längere Zeit existieren und über Ereignisse eine Geschichte haben. Andere Entitäten wie Berge, Flüsse, Sanddünen sind keine Dinge, weil sie als Massen, Portionen und Aggregate keine eindeutige Individuation erlauben und damit auch nicht natürlich zählbar sind. Sie sind keine Partikulare und keine Individuen, ontologisch gesehen. Psychisches gehört nicht zur Klasse der Dinge, sondern zur Klasse der Ereignisse und Eigenschaften. Es handelt sich um Änderungen und Sachverhalte als Eigenschaften von Dingen von der Art der Lebewesen. Dazu später mehr.

George Mandler geht in seiner »A History of Modern Experimental Psychology« sogar so weit zu behaupten, dass die mentalen Begrifflichkeiten keine objektiven Referenten haben: »Because there is no objective referent to mind, it is not surprising that different though intimately related language cultures fail to agree on terminology« (Mandler, 2007, S. 5). Vermutlich spielt Mandler hier auf die Gebrauchstheorie der Bedeutung von Worten an: Wenn der Gebrauch von mentalen Wörtern deren Bedeutung ist, so scheint es der Fall zu sein, dass Seele und Leib nicht eigenständige Entitäten bezeichnen, sondern Diskursbereichen (vgl. Schneider, 1996) oder dem Bereich von Bildern, Metaphern und Mythen angehören (vgl. Di Franco, 2009). Diese Sprachzeichen sind mit der Interpretation unseres Verständnisses befasst, dass wir nicht solche Körper sind, wie wir sie in der Natur als unbelebte vorfinden und dass wir deutliche Unterschiede zu Tieren aufweisen wie Bakterien oder Hauskatzen, wenn auch markante Gemeinsamkeiten mit einigen Tieren wie Orang-Utans oder eben Hauskatzen. Diese Unterschiede nehmen wir wahr und sie sind Teil unserer alltäglichen Umgangserfahrung. Zum Verschwinden des Begriffes »Seele« in den neuzeitlichen Wissenschaften, insbesondere der Psychologie, die es erst als eigenständige Wissenschaft seit dem Ende des 19. Jahrhunderts gibt, kam es wohl auch deswegen, weil man sich im Rahmen eines positivistischen-empiristischen Wissenschaftsverständnisses von den Metaphern und Mythen des Bedeutungsfeldes Seele abgrenzen wollte, natürlich auch von der theologischen Bedeutungssphäre des Seelenbegriffes.

Wir können also aufgrund einer kursorischen, selektiven Analyse des gegenwärtigen Gebrauchs des Wortes »Seele« in der Wissenschaft Psychologie sowie in den epistemischen Praktiken dieser Disziplin die Frage, ob die Psychologie den Begriff Seele braucht, beantworten: Im alltäglichen Forschungsgeschäft braucht die Wissenschaft Psychologie den Begriff der Seele nicht. Seele fungiert nicht als ein wissenschaftlicher Grundbegriff der Psychologie. Damit ist die Frage aber nicht beantwortet, ob die Psychologie den Begriff Seele nicht doch aus prinzipiellen Gründen bräuchte. Dieser Frage hat sich die moderne Psychologie allenfalls randständig gestellt, sowohl im deutschen als auch im englischen Sprachraum.

Historische Betrachtung zur »Psychologie ohne Seele«

Die Psychologie ist also eine Psychologie ohne Seele. Wie kam es zur »Psychologie ohne Seele«? Eine kurze historische Reflexion ist an dieser Stelle nötig, wobei ich kein Fachhistoriker bin, aber meine

Rekonstruktion und Interpretation halte ich für historisch rechtfertigbar (vgl. Martin u. Barresi, 2006; Pongratz, 1984; Jüttemann, Sonntag u. Wulf, 1991; Szymanski, 1931)[1]. Die Wendung »Psychologie ohne Seele« wurde von Albert Lange geprägt in seinem Werk »Geschichte des Materialismus« (Lange, 1873/1875). Diese Wendung wurde immer wieder gern gebraucht, wenn es darum ging, die Psychologie dahingehend zu kritisieren, dass sie ihren Gegenstand verfehle oder gar keinen habe. Vermutlich basiert die Eindrücklichkeit der Kritik darauf, dass der Vorwurf, jemand oder etwas sei seelenlos, eine starke ethische Konnotation hat. Dies verweist auf den ethischen Bedeutungsaspekt des Seelenbegriffs.

Lange führt zunächst aus, dass sich eine naturwissenschaftliche Psychologie wie jede Naturwissenschaft von der Metaphysik zu lösen habe. Er folgt als Neukantianer natürlich Kant, der im Paralogismuskapitel der Kritik der reinen Vernunft den Begriff Seele als zentralen Begriff der rationalen, sprich metaphysischen Psychologie, dekonstruiert hat dahingehend, dass sein metaphysischer Gebrauch zu Fehlschlüssen, eben Paralogismen führt. Der einzige Text der rationalen Psychologie ist das cartesische »Ich denke« und aus diesem logischen Subjekt lässt sich nicht auf eine in der Anschauung auch zugängliche Substanz »Seele« schließen. Psychologie ist nur als empirische Wissenschaft von der Seele möglich. Aber wie schon der Empirist David Hume vor Kant ausführte, findet man in der Erfahrung keine Entität Seele vor, sondern allenfalls seelische Erscheinungen wie ein Kitzeln in der Nase oder das Hören eines Geräusches. »Seele« wurde dadurch zu einem Hilfsbegriff, wie dies einer der bedeutendsten Gründungspersönlichkeiten der modernen Psychologie, Wilhelm Wundt, als sinnvoll erachtete. Wundt folgte der metaphysikfeindlichen Strömung des Positivismus des 19. Jahrhundert, entsprechend konsequent verstand er auch »Materie« als Hilfsbegriff. Wundt liegt mit dieser Auffassung von Seele auf der Linie mit Lange, der meint, es sei unverfänglich,

1 Dabei beschränke ich mich auf den problemgeschichtlichen Horizont des Seelenbegriffes, wie er von Platon und Aristoteles aufgespannt wurde und wie dessen Seelenbegriff von vereinzelten arabischen und v. a. christlichen Rezipienten modifiziert wurde, sowie auf das Europa, inklusive des angloamerikanischen Sprachraumes, der Neuzeit, da ich über den Seelenbegriff anderer Kulturräume zu wenig Kenntnisse habe.

die Existenz einer Seele als Hypothese anzunehmen und damit gewissermaßen als Arbeitsbegriff psychologische Forschung zu betreiben. Hören wir Lange dazu:

> »[…] aber was soll uns eine Hypothese über das Wesen der Seele, oder auch nur eine Hypothese über das Vorhandensein einer Seele, solange wir noch so wenig Genaues über die einzelnen Erscheinungen wissen, auf welche sich doch jede exakte Forschung zunächst erstrecken muß? In den wenigen Erscheinungen, welche einer genaueren Beobachtung bisher zugänglich gemacht sind, liegt nicht die mindeste Veranlassung, eine Seele, in irgendwelchem näher bestimmten Sinne, überhaupt anzunehmen, und der versteckte Grund zu dieser Annahme liegt eigentlich immer nur in der Überlieferung oder in dem stillen Drang des Herzens, dem verderblichen Materialismus entgegenzutreten. Dadurch wird denn ein doppeltes Unheil angerichtet. Die naturwissenschaftliche Psychologie wird verpfuscht und verfälscht; die Rettung und Stärkung des Idealen aber, das man durch den Materialismus bedroht glaubt, wird versäumt, weil man Wunder was geleistet zu haben wähnt, wenn man für das alte Fabelwesen der Seele einen neuen Schimmer von Beweisführung vorbringt.
>
> ›Aber heißt denn Psychologie nicht Lehre von der Seele? Wie ist denn eine Wissenschaft denkbar, welche es zweifelhaft läßt, ob sie überhaupt ein Objekt hat?‹ Nun, da haben wir wieder ein schönes Pröbchen der Verwechslung von Namen und Sache! Wir haben einen überlieferten Namen für eine große, aber keineswegs genau abgegrenzte Gruppe von Erscheinungen. Dieser Name ist überliefert aus einer Zeit, in welcher man die gegenwärtigen Anforderungen strenger Wissenschaft noch nicht kannte. Soll man ihn verwerfen, weil das Objekt der Wissenschaft sich geändert hat? Das wäre unpraktische Pedanterei. Also nur ruhig eine Psychologie ohne Seele angenommen! Es ist doch der Name noch brauchbar, solange es hier irgend etwas zu tun gibt, was nicht von einer andern Wissenschaft vollständig mit besorgt wird« (Lange, 1873/1875, S. 822 f.).

Lange kann man so interpretieren, dass es nicht klar sei, welche Erscheinungen für die Existenz einer Entität Seele sprechen. Es ist das durchaus aktuelle Problem, woran man eine Seele erkennt, denn nach Quine (1969) sollte man sich danach richten, dass gilt:

no entity without identity. Lange führt weiter ein wichtiges Motiv für die Beibehaltung des Seelenbegriffs an, das ethischer Art ist. Man erkennt dieses Motiv daran, dass jeder Mensch bestürzt wäre, würfe man ihm vor, seelenlos zu sein. Bestimmte Handlungen kritisiert man sogar als seelenlos. Der Begriff der Seele hat eine zentrale Funktion in der argumentativen Abwehr des Materialismus, meint Lange, aber man leiste damit eher das Gegenteil, wenn man den Begriff Seele dazu verwendet, um den Materialismus zu kritisieren. Dies ist aus Sicht des Neukantianismus verständlich, denn Materialismus ist eben auch Metaphysik und als solche nicht haltbar, da Behauptungen über den ontologischen Primat der Materie unsere Erkenntnisgrenzen überschreiten. Schließlich sind uns Materielles und Seelisches nur als Erscheinungen gegeben, von denen wir keinen angemessenen Begriff bilden, wenn wir etwas behaupten, was über die Erscheinungen hinausgeht.

Auch genüge der Begriff »Seele« nicht den Anforderungen strenger Wissenschaft, so Lange (1873/1875) und man verstand darunter im 19. Jahrhundert die empirischen, messenden, experimentellen Wissenschaften unter Anwendung der Mathematik. Hier kann man das Echo von Kants Verdikt aus den »Metaphysischen Anfangsgründen der Naturwissenschaft« hören, dass Psychologie keine strenge Wissenschaft werden könne, weil sie nicht Mathematik auf den stetigen, einseitig gerichteten zeitlichen Fluss des inneren Sinnes anwenden könne (Kant, 1786/1997). Interessant ist schließlich, dass Lange (1873/1875) meint, als Hypothese könne man ruhig die Existenz einer Seele annehmen. Es sei schließlich zweifelhaft, ob die Psychologie überhaupt ein Objekt habe, aber es gebe noch einiges zu tun für die Psychologie. Denn es sollten die naturwissenschaftlichen Methoden auf seelische Erscheinungen angewendet werden, wie es sich aus dem Kontext der Ausführungen Langes ergibt, wobei mit naturwissenschaftlichen Methoden in erster Linie Messen und Experimentieren gemeint sein dürfte. Genau an dieser Anwendung hat man zur Zeit Langes schon gearbeitet und genau diese Linie wurde nach Lange weiterverfolgt.

Den angedeuteten Zweifel Langes, ob die Psychologie überhaupt ein Objekt habe, spitze ich zu der Behauptung zu, dass die Psychologie nie die Seele zum Gegenstand gehabt hat. Psychologie ohne Seele klingt ja so, als ob dies ein Verlust wäre, eine Psychologie mit Seele dieser vorausgegangen wäre. Dem war aber nicht so. Ein wichtiger Grund ist, dass es vor Lange gar keine selbstständige, an Universitäten institutionalisierte wissenschaftliche Disziplin Psychologie gegeben hat. Ein weiterer Grund ist, dass die gegenwärtige Art Psychologie zu betreiben, nur eingeschränkt vergleichbar mit dem ist, wie man sich vor dem 19. Jahrhundert mit seelischen Phänomenen beschäftigt hat. Ein Hinweis dafür ist, dass das Wort »Psychologie« erst ab dem 16. Jahrhundert bibliografisch nachgewiesen werden kann (vgl. die verschollene Schrift des Humanisten Marcus Maurulus aus Dalmatien mit dem Titel: Psychologia de ratione animae humanae von 1520, vgl. Brožek, 1973; Schönpflug, 2004). Natürlich hat man sich auch vor dem 16. Jahrhundert mit der Seele beschäftigt, aber nicht im Rahmen einer selbstständigen Wissenschaft namens Psychologie, sondern vor allem im Rahmen der Philosophie und der Theologie. Auch Biologie gab es in dieser Zeit nicht als eigenständige universitär institutionalisierte Wissenschaft.

Seele bei Platon und Aristoteles

Die ersten schriftlichen Gedanken zur Seele findet man bei Homer, in der ionischen Naturphilosophie und dann bei Platon. Schon vorher hat es Gründe gegeben, das Erleben, das im Inneren lokalisiert wird, zu einem eigenständigen Gebilde »Seele« zu verdichten. Eine zentrale Rolle dafür spielten sicher außergewöhnliche Bewusstseinszustände wie Träume, überhaupt das Phänomen des Schlafens, in dem die Seele weg ist und am Morgen wiederkehrt, oder alle Formen des Außer-sich-Seins, der Ekstase, sei es im Rausch, beim Halluzinieren, im Orgasmus, in der Hypnose oder in Tranceerlebnissen. Aufschlussreich sind auch pathologische Varianten des Körpererlebens. Eine besonders interessante Variante ist eine Störung des Raumerlebens, die als Heautoskopie bezeichnet wurde (Menninger-Lerchenthal, 1946; Zutt, 1953). So kann sich ein Betroffener auf sich selbst zuschreiten sehen oder er sieht auf sich von der Zimmerdecke herab. Derartige halluzinatorische Selbstwahrnehmungen könnten eine Rolle gespielt haben, sich die Seele wie einen Vogel vorzustellen (vgl. z. B. Szymanski, 1931), der den Körper als Häuschen bewohnt, was auch eine phänomenale Grundlage der Vorstellungen von der Seelenwanderung sein dürfte. Der Philosoph Metzinger (2005) ist der Meinung, dass das Sich-außer-sich-Wahrnehmen oder out-of-body-experience ursächlich für die Annahme einer eigenständigen Entität Seele sein könnte. Des Weiteren findet sich in der schönen Literatur die interessante Figur des Doppelgängers. Ebenfalls finden sich in Texten der griechischen Antike Hinweise auf Scheintote, so der pamphylische Krieger, den Platon in seinem »Staat« erwähnt (vgl. Gigon, 1959). Der Bedeutungskern von »psyche« lässt sich wohl auf Beobachtung von Sterbenden zurückführen, da Tote nicht mehr atmen und man am Ende sein Leben aushaucht. Insofern ist auch mit dieser Phänomenologie schon eine einfache biologische Deutung von Seele als Lebensprinzip gegeben, die dann Aristoteles im Rahmen des Aufbaus erster Grundzüge einer Biologie entsprechend wissenschaftlich systematisiert hat (Detel, 2005).

Mir scheint, dass sich bei Platon keine systematisch ausgebildete Seelenlehre findet, vielmehr fungiert der Seelenbegriff immer als ein Teil einer übergeordneten Argumentationslinie, sei diese politisch, ethisch, naturphilosophisch oder metaphysisch. Letztlich ist der Begriff der Seele der Frage zugeordnet, was das Gute sei, wie und woran man es erkenne und wie man es finde und verwirkliche (Picht, 1987). Naturphilosophisch bedeutsam ist, dass die Seele wie schon vor Platon dazu dient, die Körper in lebende und nicht lebende zu unterteilen. Dabei wird die Seele aber nicht nur als Differenzprinzip, sondern auch positiv als Lebensprinzip bezeichnet, als das, was einen Körper lebendig macht. Entsprechend wurde der Tod als die Trennung von Seele und Körper verstanden. Die abstraktere Idee der Seele als Lebensprinzip dürfte durch die Notwendigkeit begünstigt worden sein, die Selbstbewegung zu interpretieren, die Tiere und Menschen, von nichtlebendigen Körpern und Dingen unterscheidet. Schon Säuglinge können Bewegungsmuster nichtlebendiger Körper von Bewegungsmustern lebendiger Körper unterscheiden (Rakison u. Poulin-Dubois, 2001). Nichtlebendige Körper bewegen sich nicht von selbst, sondern nur, wenn eine äußere Kraft auf sie einwirkt, genauer wenn ein anderer bewegter Körper K2 einen ruhenden Körper K1 kontaktiert und seinen Impuls überträgt, so dass K1 sich bewegt und K2 zur Ruhe kommt oder seine

Bewegungsgeschwindigkeit verringert. Der Begriff »Kraft« oder »Impuls« hat dabei übrigens den gleichen epistemischen Status wie der Begriff Seele, denn man erkennt sie nur an ihren Wirkungen. Ein lebender Körper L kann sich aber von selbst bewegen, da dazu kein äußerer Anstoß vonnöten ist, zumindest kein beobachtbarer. Dieser Phänomenbefund dürfte es sein, der den Begriff Seele für Platon, und nicht nur für ihn, als Erklärungsbegriff tauglich gemacht haben dürfte. Vor allem sieht man nicht, wo der Impuls der Selbstbewegung entstanden ist. Man ist geradezu gezwungen, diesen Bewegungsimpuls im Inneren des lebendigen Körpers zu verorten. Zusammen mit der Wahrnehmung der Ausdruckserscheinungen hat man ein Phänomenmuster, das ein semantisches Interpretationsfeld um den Begriff der Seele herum aufspannt.

Bei Platon dient die Seele nicht nur dazu, die Selbstbewegung *(autokinesis)* verständlich zu machen, sondern auch dazu, die spezifisch menschlichen geistigen Fähigkeiten begrifflich einzuordnen. Die erste Schrift, die als Ganze die Seele zum Gegenstand hat, ist »peri psyches«, »Über die Seele«, von Aristoteles (Aristoteles, 1987; 2011). Wiederum steht der Begriff der Bewegung im Mittelpunkt des problematisierenden Denkens (vgl. Picht, 1987). Aristoteles verfolgt in dieser Schrift weniger die ethischen Aspekte des Seelenbegriffes, sondern es geht ihm darum, was einen Körper zu einem lebendigen macht.

Ich möchte mich nicht an einer Aristoteles-Exegese versuchen, aber was ich an Aristoteles Seelenschrift bemerkenswert finde, ist, dass er Seele als Lebensprinzip auffasst, worin er Platon folgt, aber von ihm abweichend ein Lebewesen als *synholon* versteht, als Einheit, deren Komponenten nicht vollkommen selbstständig existieren können. Dabei geht es im Kern darum, zu erklären, wie Selbstbewegung funktioniert, die nur bei Lebewesen zu beobachten ist. Bewegung ist der Übergang von Möglichkeit in Wirklichkeit, der Ort, der jetzt noch nicht erreicht ist, aber erreicht werden kann. Üblicherweise haben nichtlebendige Körper kein eigenes Ziel, wenngleich bei Aristoteles die Auffassung herrscht, dass alles ein Ziel hat, alles nach seinem ihm natürlichen Ort strebt. Alle Bewegungen gehen aber stets auf ihnen von außen, von anderen bewegten Körpern zukommenden Bewegungen zurück, so dass es aber eine Entität geben muss, die sich von selbst bewegen kann.

Diese Verfassung einer Entität, die man als »ein Ziel habend und es anstrebend zu verwirklichen suchend« kennzeichnen kann, nannte Aristoteles *Entelechie* und die Entelechie wird in besonderer und vorzüglichster Weise von Entitäten realisiert, die sich selbst von Ort zu Ort bewegen können. Die Seele ist diese Entelechie eines Körpers, der der Möglichkeit nach lebendig sein kann. Es ist das Prinzip der Selbstlokomotion. Dieses ist im unbewegten Selbstbeweger vollkommen realisiert, in den anderen Selbstbewegern der Möglichkeit nach, weswegen sie ein Ziel brauchen, das sie verwirklichen müssen. Die Seele ist diese zielorientierte Selbstverwirklichung durch Selbstbewegung, modern Selbstorganisation, wozu sie eine bestimmte Organisation aus funktionalen Teilen braucht wie Organe, die sie in Bewegung setzen kann. Busche entfaltet die Forschungshypothese von der aristotelischen Psyche als ein »zweckmäßig arbeitendes System«, so dass »die Seele nicht nur über die Funktionalität von Körperteilen definiert werden darf, sondern darüber hinaus durch die Operativität, d.h. das intern In-Bewegung-Sein ihrer Funktionen bestimmt werden muß« (Busche, 2001, S. 8).

Die Seele des Menschen ist Lebensprinzip wie bei anderen Lebewesen, welche aber in ihrer Komplexität gestuft sind, die eine Hierarchie bilden: Der unterste Seelenteil ist der vegetative, der die Funktionsgruppen Selbsterhaltung (Ernährung, modern kann man Selbstreparatur wie Wundheilung und Immunfunktion ergänzen) und Wachstum umfasst. Die vegetative Seele kommt ohne die anderen Teile nur den Pflanzen zu. Bei Tieren kommt der sensitive Seelenteil hinzu, der die Funktionsgruppen Wahrnehmung (Sinnessystem), aber auch Bewegungseinrichtungen (Motorsystem) umfasst, die man zusammen als sensu-motorisches Seelenteil bezeichnen könnte. Die korrespondierenden Fähigkeiten sind Selbstbewegung, aber auch Orientierung in Zeit und Raum, was Lernen und damit ein relativ komplexes Umgebungs- und Körpergedächtnis nötig macht. Der Mensch hat auch eine Seele wie die Pflanzen, eine vegetative, eine Seele wie sich selbst bewegende Tiere, eine sinnliche, modern gesagt, sensu-motorische, die Orientierung in Zeit und Raum ermöglicht, aber nur der Mensch hat einen Seelenteil, der als Geistseele oder intellektive Seele bezeichnet werden muss, den *nous pathetikos* und *nous poetikos*. Der *nous poetikos* ist unsterblich im Gegensatz zu den anderen Seelenteilen. Der Grund ist der, dass der Geist als Tätigkeit den Objekten gleicht, mit denen er sich befasst, und die Objekte des Geistes sind Gedanken, wie zwei und zwei gleich vier ist. Solche Gedanken sind ewig, sie sind nicht Teil von Raum und Zeit. Interessant an Aristoteles ist, dass die Seele nicht als Wesen in einem Wesen verstanden wird. Die Seele ist realisiert als lebendiger Körper mit einem bestimmten Fähigkeitsprofil, dessen Synergien die besondere Form der menschlichen Intelligenz ausmacht. Das ist ein Gedanke, der modern und anschlussfähig ist.

Aristoteles fasst die Seele also nicht materiell auf, denn die materielle Wesenheit eines Lebewesens ist der Körper. Auf der anderen Seite aber ist die Seele deshalb keine immaterielle Entität, weswegen für Aristoteles ein strenger Leib-Seele-Dualismus nicht infrage kommt. Der Körper ist also nicht das Grab der Seele, wie noch Platon, den Pythagoräern folgend, meinte. In seiner Schrift »Über die Seele« stellt Aristoteles fest, dass »die Seele nicht vom Körper abtrennbar ist und ebensowenig gewisse Teile von ihr« (Von der Seele 413a1, vgl. Aristoteles, 1987; 2011). Die Seele vergeht also mit dem Körper, wenn das Lebewesen stirbt. Nach Aristoteles ist also ein Wesen, das eine Seele hat, ein lebendiger natürlicher Körper. Das Wort *animal* zeigt noch die enge Bedeutungsgemeinschaft von »belebt« und »beseelt« an. »Seele« bezeichnet somit das, was ein Wesen zu einem »Lebe-Wesen« macht. Seelen haben daher nur Lebewesen (Prinzip des Lebens) und die Seele »ist die Funktionalität des lebenden Körpers, der Organe hat« (Detel, 2005).

Aristoteles vertritt also eine Auffassung, der zufolge die Seele in sich differenziert organisiert ist, es gibt unterschiedliche Seelenfunktionen, die von der Ernährung bis zum Denken reichen. Diese frühe psychologische Konzeption stimmt mit der gegenwärtigen sehr gut überein. Auch warnt Aristoteles davor, die Seele zu verdinglichen, denn er fordert »nicht zu sagen, dass die Seele sich erbarmt, lernt oder überlegt, sondern, dass der Mensch es vermittelst der Seele tue« (Von der Seele 408b13–15, vgl. Aristoteles, 1987; 2011). Auch hier scheint die Auffassung von der Seele als funktionelle Organisation des Menschen durch.

Aristoteles interpretiert die Seele als Lebensprinzip im Rahmen seiner Metaphysik. Dazu verwendet er zum einen das Begriffspaar *morphe (eidos)* und *hyle*, lateinisch *forma* und *materia*, sowie das Begriffspaar *energeia* und *dynamis* (lat. *actus* und *potentia*). »Seele« ist das Wesen des Lebendigseins und dafür kommt nur die ontologische Kategorie der Substanz *(ousia)* infrage. Auch wenn der Seele eine eigenständige Realität zukommt, so folgt daraus nicht, dass sie wirklich wie ein Einzelding wäre, sie ist kein *tode ti*, nichts, auf das mit »dieses da« zeigen kann. Dies belegt Aristoteles im Rahmen seines Hylemorphismus, der auf der Unterscheidung von drei Bedeutungen von Substanz beruht: Materie *(hyle)*, Form *(eidos, morphe)* und das Konkretum *(synholon)*, das Kompositum aus Materie und Form. *Materia* ist dasjenige, was bestimmt, geformt werden kann. Es sollte also nicht mit Stoff übersetzt und nicht mit »Materie« als Stoff verwechselt werden, da Stoff auch schon Züge von Geformtheit aufweist. Form ist das, was der Materie ihre wesentliche Bestimmung erteilt, sie formt. Das konkret Seiende, das Kompositum aus Materie und Form, ist eine Einheit. Seele ist als formales Prinzip zu verstehen, sie bestimmt Materie so, dass das Kompositum Lebewesen aus Materie und Form aktualisiert wird. Die Seele ist weder der lebendige Körper noch der Körper, sondern sie ist als substanzielle Form jene Eigenzielverwirklichung *(entelecheia)*, aufgrund derer ein Körper ein lebendiger Körper ist. Thomas von Aquin fasst diese Annahme des Aristoteles mit dem bekannten Satz zusammen: *anima est forma substantialis corporis*. Die Lehre von Materie und Form ist verbunden mit der Lehre von Potenz und Akt: Materie ist das, was nur der Möglichkeit nach existiert, und Form ist dasjenige, das diese Möglichkeit verwirklicht. So ist der Marmorblock nur der Möglichkeit nach eine Statue wie der David Michelangelos. Diese wird erst durch die Form »Bildnis des David« wirklich im Zuge der Tätigkeit des Formverleihens. Dieser Gedanke wirkt bis heute in dem Verständnis des Mentalen als Informationsverarbeitung nach, da man nur Formen aufnehmen und erkennen kann (Voigt, 2008).

Die Seele organisiert also die Materie. Die Materie ist dasjenige ohne Form, bloßer Stoff im Sinne der Möglichkeit, geformt zu werden, das Formbare sozusagen, während die Form die Wirklichkeit dieser stofflichen Möglichkeit ist, da erst die geformte Materie organisiert ist. Die Seele als Entelechie ist diejenige, die den Organismus zu einem zweckmäßigen und Ziele verfolgen könnenden realisiert.

Des Weiteren sagt Aristoteles, dass ein Wahrnehmungsobjekt nur der Form nach als Eingebildetes in der Seele ist. »Einbildung« lässt sich als »Information« übersetzen und »Einbildungskraft« als »Informationsverarbeitung«. Unsere Umgebung enthält potenzielle Information, alle Dinge und Geschehnisse sind potenzielle Zeichenträger. In Analogie zum ontologischen Form-Begriff ist die Aktualisierung der Information eines Zeichenträgers eine Nachricht, die in einem empfangenden System etwas bewirkt. Information setzt Informationsquelle und Informationsempfänger sowie ein Übertragungs- und Verarbeitungsmedium voraus. So gesehen ist sie ein Maß für die Ordnung, die ein Organismus aus seiner Umgebung entnehmen und nutzen kann. Information ist ein Maß für Wissen und Wissen ist Form, so dass man mit dem Naturphilosophen Carl Friedrich von Weizsäcker sagen kann, die Information misst die »Menge von Form«: »Dass Information Wissen misst, steht nicht im Gegensatz zu der These, die Information messe die Menge von Form, denn Form (Eidos) ist nach der antiken Philosophie genau das, was man wissen kann« (von Weizsäcker, 1982, S. 348).

Der Psychologe Benesch vertritt ein psychokybernetisches Modell des Seele-Leib-Verhältnisses, das gut verträglich mit der Auffassung des Aristoteles ist, und sieht Rhythmus und Figurenbildung im Gehirn als »psychisches Rohmaterial« an, also als Formen im aristotelischen Sinne (Benesch, 1988). Träger sind materielle Vorgänge und Zustände, die als zeitliche (Rhythmen) und räumliche (Konfigurationen) Muster (Gestalten) die Grundlage der Bedeutung sind, Träger als Formen des Sinns. Diese biologische Seele als funktionelle Organisation der Fähigkeiten des Aufnehmens, Verarbeitens und Herstellens von Formen (als Information) ist nicht vom Körper zu trennen, genauso wenig, wie man die Fähigkeit des Schreibens von den diese realisierenden »Werkzeugen« wirklich trennen kann.

Aristoteles vertritt also ein biologisch orientiertes Schichtenmodell der Seele, aber das Wesen des Menschen erschöpft sich nicht in seiner sterblichen biologischen Seele. Denn der Mensch kann in besonderer Weise Ordnung erfassen, darstellen und herstellen. Dies gelingt ihm durch Denken und Sprache. Dieses Vermögen nennt Aristoteles *nous*, Geist, welcher in der Hinsicht etwas Besonderes ist, dass diese Seelenfunktion nicht körpergebunden ist. Dieser Seelenteil ist der Grund, weshalb der Mensch *animal rationale* genannt wird. Aristoteles meint, der Geist scheine »eine andere Gattung von Seele zu sein und als einzige abgetrennt existieren zu können, so wie das Ewige vom Vergänglichen abgetrennt ist« (Von der Seele 413b26 f., vgl. Aristoteles, 1987; 2011); er scheine in den Körper »hineinzutreten als eine Wesenheit und nicht zugrunde zu gehen. Denn sonst würde er am ehesten zugrunde gehen infolge der Schwäche, die im Alter auftritt. [...] Der Geist dürfte aber wohl etwas Göttliches und [durch das Alter] Unaffizierbares sein« (Von der Seele 408b18–29, vgl. Aristoteles, 1987; 2011). Nur dieser intellektive Seelenteil kann Ort der Formen genannt werden, die Formen sind dort aber nur der Möglichkeit nach. Aber Aristoteles hält an dem empirischen Prinzip fest, dass alle Erkenntnis und alles Denken von der Sinneserfahrung abhängen. Das impliziert, dass jedes denkende Wesen körperhaft sein muss, denn Denken erfordert vorhergehende Wahrnehmung und Wahrnehmung erfordert körperliche Organe. Denken basiert auf empirischen Vorstellungen, auf der Vorstellungsfunktion *(phantasia)*, die als »die Bewegung, die von der verwirklichten Wahrnehmung ausgeht« (Von der Seele 429a1, vgl. Aristoteles, 1987; 2011), nicht vom Körper abtrennbar ist. Unser Verstand ist also insofern »leidend«, »aufnehmend«, als er bloße Möglichkeit ist, etwas zu denken, kein Wissen ist ihm angeboren. Aristoteles nennt diesen Verstand *nous pathetikos.* Dieser passive Intellekt enthält den Stoff, die Materie des Denkens, der zu allem wird (Von der Seele 430a15, vgl. Aristoteles, 1987; 2011), und dieser passive Intellekt ist vergänglich (Von der Seele 430a25, vgl. Aristoteles, 1987; 2011), da er vom Körper nicht abtrennbar ist.

Unser Denken muss jedoch durch etwas bewirkt werden, und zwar nicht durch Sinneswahrnehmung, denn der Verstand hat kein Sinnesorgan, kann sich aber trotzdem auf die Welt beziehen (z. B. kosmische Gesetzmäßigkeiten berechnen). Im Gegensatz zu den Wahrnehmungsgegenständen sind die Gegenstände des Denkens, das sich auf das Allgemeine richtet, in gewisser Weise in der Seele selbst. Deshalb liegt das Denken in der Gewalt des Wollens (Von der Seele 417 b 23–24, 427b18, vgl. Aristoteles, 1987; 2011). Diese »Bewegung« des Verstandes geschieht durch den *nous poietikos*, den schaffenden Geist, der unabhängig vom Körper existiert und die Denkmöglichkeiten des Verstandes realisiert, also die Form oder Wirklichkeit der Seele ist, die nur der Möglichkeit nach denkt. Aristoteles begründet die Abtrennbarkeit des Denkens vom Körper aus der Prämisse, dass der Geist »alles denkt« (Von der Seele 429a18–26, vgl. Aristoteles, 1987; 2011). Dieses Argument folgt aus Platons »Timaios«: Während jeder der Sinne gegenüber der einen oder anderen Sinnesqualität blind sein muss, die Augen etwa nicht hören können, da die Sinne eine physikalische Komponente beinhalten (Von der Seele 424 a1–4, vgl. Aristoteles, 1987; 2011), kann der Intellekt, da er alle Qualitäten denken kann, keine physikalische Komponente haben. Der schaffende Geist bildet die Begriffe und macht damit die Dinge für uns erst zu begrifflich erkannten, zu im engen Sinne beurteilten Sachverhalten, ist aber auf die Vorstellungen, Erfahrungsbegriffe des passiven Geistes angewiesen, aus denen er die Begriffe verknüpft. Die unsterblichen Götter können ihren Geist benutzen, ohne ihn vorher mit (empirischen) Begriffen versorgen zu müssen.

Mit der Unterscheidung zwischen Seele und Geist geht Aristoteles über eine rein biologische Seelenvorstellung hinaus. Allerdings bemüht er sich, die Einheit des Menschen dadurch zu bewahren, dass er die Abhängigkeit des geistigen Funktionierens vom biopsychologischen Funktionieren betont. Dafür unterteilt er den Intellekt in einen vergänglichen Teil und einen unvergänglichen, wobei letzterer auf ersteren angewiesen, aber abtrennbar ist. Aristoteles schreibt (Von der Seele 430a22–25, vgl. Aristoteles, 1987; 2011): »Der Geist denkt nicht zuweilen und zuweilen denkt er nicht. Aber erst wenn er abgetrennt ist, ist er das, was er wirklich ist, und nur dieses ist unsterblich und ewig. Wir erinnern uns aber nicht daran; denn der eine Teil ist wohl leidenslos, der leidensfähige Geist aber ist vergänglich, und ohne diesen gibt es kein Denken«. Diese Gedanken hat Aristoteles aber eher nur angedeutet und nicht systematisch durchgearbeitet. Daher gibt es auch unterschiedliche Interpretationen dieser aristotelischen Seelen- und Geistlehre (Nussbaum u. Rorty, 1992).

In der christlichen Tradition, vor allem durch Thomas von Aquin, wurde der *nous poietikos,* der schaffende Geist, als der unsterbliche Teil unserer Seele verstanden (Kluxen, 1984). Doch Thomas von Aquin ist sehr bemüht, einen schroffen Leib-Seele-

Dualismus zu vermeiden, weswegen er, an Aristoteles anschließend, die Einheit des Menschen betont, die Einheit aus Körper, Seele und Geist. Thomas von Aquin folgt Aristoteles auch dahingehend, im denkenden Geist eine besondere Art des Seelenlebens zu sehen. Aufgrund der Bildung abstrakter Begriffe überschreitet die Seele materielle Einschränkungen, das Subjekt des Denkens sind keine körperlichen Prozesse, die Geistseele bedarf des Leibes nur »ratione obiecti«. Daher ist die Seele auch eine eigene Substanz, sie ruht in sich selbst und ist nicht ein unselbstständiges Prinzip des Körpers. Die Geistseele verliert mit dem Tod daher nicht das Sein, wie es der Körper verliert. Wie bei Aristoteles wird hier wieder die Unterscheidung von Form und Materie herangezogen. Die Form kann nicht verlieren, was sie als Form ausmacht. Dem Prinzip des Erkennens von Formen, dem *intellectus agens,* dem Formprinzip kann daher das Sein genauso wenig genommen werden wie der Zahl zwei die Eigenschaft, gerade zu sein. Wie bei Aristoteles wird die körperunabhängige Subsistenz der Denkseele und damit ihre Unsterblichkeit aus der Immaterialität des Denkens bewiesen. Dennoch versucht Thomas von Aquin einen Dualismus zu vermeiden. Thomas setzt den Menschen nicht mit der Seele gleich, sondern die personale Identität des Menschen ist die Einheit aus Körper, Seele und Geist. Thomas geht daher soweit, in der durch den Tod abgeschiedenen Seele nicht mehr den Menschen und daher nicht mehr die gewesene Person zu sehen. So ist die Seele Sankt Peters, zu dem die Kirche betet, nicht mehr Sankt Peter. Erst mit der leiblichen Auferstehung wird es wieder die Person Petrus sein. Die philosophische Absicht ist ganz klar, mit Hilfe des Konzepts von der abgeschiedenen Seele die Identität und Kontinuität zwischen dem Verstorbenen und dem Auferstandenen zu bewahren. Diese Konzeption geht über Aristoteles hinaus, denn nach diesem kann sich der abgetrennte schaffende Geist an seine vormalige körperliche Individualität nicht mehr erinnern, da es dazu des passiven Geistes bedarf, der aber mit dem Körper zugrunde gegangen ist. Folgerichtig gingen einige arabische Aristoteles-Kommentatoren davon aus, dass es keine individuelle Unsterblichkeit gibt. Unsterblich ist nur der überindividuelle Geist, den man auch als objektiven Geist, Kultur oder Naturgesetze oder gar als Gott bezeichnen könnte. Die christliche Eschatologie lehrt das Jüngste Gericht, vor dem sich der einzelne Mensch vor Gott für seine Taten verantworten muss. Daher wurde diese Aristoteles-Auslegung als inakzeptabel angesehen. Thomas von Aquin erkannte das Problem sehr wohl. Er hält an der *anima separata* als individueller Entität fest, die nach dem Tod fortexistiert. Aber es ist eine unvollkommene Existenzform, die erst in der Auferstehung von den Toten vervollkommnet wird, indem sie einen neuen Körper bekommt. Damit wird indirekt die hohe ontologische Bedeutsamkeit der Körperlichkeit zugestanden und letztlich der erste Schritt getan, die Seele in ihrer Relevanz für die Unsterblichkeitsfrage einzuschränken. Der Begriff der Person rückt stattdessen in den Vordergrund. Man kann bezweifeln, dass man aus theologischen Gründen an einer *anima separata* festhalten muss, denn ein wichtiger Grund für die *anima separata* ist der Gedanke, dass die Existenz des Individuums zeitlich nicht unterbrochen werden darf und die abgetrennte Seele nach dem Tod auf das Jüngste Gericht warten muss. Es ist mit dem theologischen Konzept der Ewigkeit aber verträglich, dass im Moment des Todes die Auferstehung stattfindet, denn da die Ewigkeit nicht nach dem Vorbild der kosmologischen Raumzeit gedeutet werden kann als kontinuierliche Dauer, gibt es aus der »Sicht der Ewigkeit« keine »Wartezeit«. Einen entsprechenden Gedanken entwickelt beispielsweise Lüke (2004).

Wege zur »Psychologie ohne Seele«: Von Descartes zu Kant

Eine wichtige Entwicklung auf dem Weg zur Psychologie ohne Seele war, den biologischen Seelenbegriff von der Denkseele zu trennen. »Es war Descartes, der die ontologische Besonderheit des *intellectus agens,* des denkenden Seelenteils, konsequent dadurch berücksichtigte, dass er von der aristotelischen Seelengliederung absah und den denkenden Seelenteil mit der Seele gleichsetzte. Die Denkseele wurde als *res cogitans* sogar zur eigenständigen Substanz erhoben, die sich vom Körperlichen als substanzielle *res extensa* radikal ontologisch unterscheidet. Hat Aristoteles den Seelenbegriff dazu verwandt, um das Phänomen des lebendigen Körpers zu erklären, und die Seele als dasjenige verstanden, was einen

Körper zu einem lebendigen macht und seine besondere Organisationsform, insbesondere seine Selbstbewegung, erklärt, so stehen bei Descartes nicht mehr Fragen nach dem Wesen des Lebendigen im Vordergrund, sondern die Frage, wie man zu einer sicheren Erkenntnis kommt. Die Existenz der körperlichen Außenseite des Menschen kann man bezweifeln, aber nicht, dass man dies bezweifelt. Der Innenseite wurde damit wie schon bei Augustinus ein epistemischer Vorrang eingeräumt […]. Die epistemische Vorzüglichkeit der *cogitatio* in der Reflexion wird konsequenterweise ontologisch bis zur Verselbstständigung zu einer Denksubstanz aufgewertet. Entsprechend wird der aristotelisch-scholastische Seelenbegriff überflüssig. Dasjenige, was einen Körper lebendig macht, wird zusammen mit nichtlebendigen Körpern einer Substanz zugeschlagen und wird Gegenstand der neuen mechanischen Naturphilosophie, der Physik. Die Psychologie wird gewissermaßen ihrer biologischen Wurzeln entkleidet, und so entwickelt sich konsequenterweise die Psychologie als Bewusstseinspsychologie im 19. Jahrhundert, während sich die Humanphysiologie getrennt davon zusammen mit Biologie und Chemie ausbildet.

Schon Locke und Hume folgen Descartes, auch wenn sie seine ontologische Festlegung nicht akzeptieren, eingeborene Ideen ablehnen und für einen konsequenten Empirismus optieren. Hume stellt dann auch teilweise lakonisch fest, dass er so etwas wie eine Seele in seinem Inneren nicht finden kann. Der eher biologische, funktionale aristotelische Seelenbegriff findet moderne Nachfolgebegriffe, *mind,* aber auch *self* und *consciousness,* vom kleinen *ich* wird zum großen *Ich* aufgestiegen, das auch Freud dem Begriff der ›Seele‹ vorzog. In Deutschland wird ebenfalls das Wort *Bewusstsein* zu einem Nachfolgebegriff der Seele. Es wurde durch den Leibnizianer Christian Wolff 1719 als Übersetzung des Wortes *cogitatio* (Descartes) eingeführt (Pongratz, 1984), und die moderne Psychologie entwickelt sich dann im 19. Jahrhundert als Bewusstseinspsychologie, obwohl die Begriffe Seele und Seelenkunde gebräuchlich waren.

Mit dem Begriff *Bewusstsein* hat sich die Psychologie ein neues philosophisches Rätsel eingehandelt, denn nun taucht die Frage nach dem Zusammenhang von Denksubstanz und Körpersubstanz auf, die heute darauf verengt wird, wie Gehirnprozesse so etwas wie bewusstes Erleben realisieren können. Das Bewusstsein wirft auch für die Psychologie das epistemische Problem auf, wie es zu erforschen sei. Neben dem Leib-Seele-Problem, das sich in das Bewusstsein-Gehirn-Problem transformiert, treten weitere, besondere Probleme auf wie das von Introspektion versus Extraspektion, das der Verbindung von Erleben und Verhalten, das der Identifizierbarkeit der körperlichen, insbesondere neuronalen Korrelate psychischer Zustände, das des inneren und des äußeren Sinnes, um nur einige zu nennen« (Mack, 2007, S. 11 f.).

Diese Probleme stehen auch im Zusammenhang mit der Orientierung der Psychologie am Vorbild der neuen, erfolgreichen mechanischen Physik Newton'scher Prägung. »Ab dem 18. Jahrhundert erlebt die Physiologie einen rasanten Aufschwung, und man beginnt, sich systematisch mit dem ›Seelenorgan‹, dem Gehirn zu beschäftigen (Hagner, 2000). Im 18. Jahrhundert unterschied Christian Wolff zwischen empirischer und rationaler Psychologie, woraus sich die Forderung ergab, die Erkenntnismöglichkeiten beider sowie das Verhältnis, in dem sie zueinander stehen, zu klären. Die traditionelle scholastische Seele und die Denksubstanz Descartes sind metaphysischen, rationalen Überlegungen geschuldet, denn letztlich geht es um das Anliegen, die höchste Leistung der Seele zu verstehen, das Erkennen. Dabei stellte sich in der Neuzeit die Frage, wie die Seelenmetaphysik mit der erfolgreichsten Wissenschaft, der Newton'schen Physik zusammenhängt. Diese verdankte ihren Erfolg ja keineswegs der reinen Empirie, sondern der Anwendung mathematischer Prinzipien auf Naturerscheinungen, insbesondere der Bewegung. Bei Leibniz zeigt sich der Versuch, diese mathematischen Prinzipien, vor allem in Form der Analysis, auch auf dem Gebiet der Seelenmetaphysik in Anschlag zu bringen. Descartes schließlich hat das moderne Leib-Seele-Problem erzeugt, da nun die Wechselwirkung zwischen den beiden ontologisch geschiedenen Substanzen erklärt werden musste. Als Konsequenz wurden dann alle bekannten Lösungsvorschläge vorgelegt. Die Physiologie konnte nun den Körper eigentlich als seelenloses Wesen verstehen, das rein nach dem Vorbild der Mechanik manipuliert und untersucht werden kann, als Lebensmaschine. Allerdings machte das Denken in mechanischen Prinzipien auch vor der Anwendung auf das Denken selbst nicht halt. Dies zeigt die Weiterentwicklung des aristotelischen Konzeptes der Assoziation bei den britischen Empiristen. Diese diente dazu, die Verbindungen der Vorstellungen zu erklären, wobei man Analogien zur Gravitation sah, die alle sich bewegende Körper verbindet. Die Assoziation wurde als eine seelische Grundkraft verstanden, die Ideen (Vorstellungen) miteinander verknüpft und die Tätigkeit des Denkens erklärt. Diese seelische Verbindungskraft funktioniert nach den Prinzipien raum-zeitlicher Nähe, so dass damit Vorstellungen nach Regeln aggregiert werden, die denen der mechanischen Physik entsprechen. Daher ist mit dem britischen Empirismus und dessen französischen Varianten, man denke an La Mettries Menschen als Maschine, schon eine Psychologie ohne Seele in wichtigen Umrissen erkennbar« (Mack, 2007, S. 12 f.). Im neurowissenschaftlichen Neokonnektionismus lebt Assoziation als Erklärungsprinzip (z. B. in Form der Hebb'schen Lernregel) weiter.

»Die aristotelisch-scholastische, eigentlich bio-logische Seelenvorstellung, die Seele als Prinzip des Lebendigen, als Form des Leibes, war auf die Denkseele reduziert, womit das Lebendige nun nach dem Vorbild nichtlebendiger Körper zu verstehen war. Die Heftigkeit des Streites um den Vitalismus, der analog zu mechanischen Grundkräften eine eigenständige Lebenskraft postulierte, gibt Zeugnis von einem mechanistischen Verständnis eines Lebewesens. Die Biologie muss sich erst gegen die Physik neu konstituieren und deutlich machen, dass lebendige Körper nicht ausschließlich nach dem Modell nichtlebendiger Körper verstanden werden können. Die Diskussion um die epistemischen und ontologischen Besonderheiten lebender gegenüber nichtlebendigen Körpern ist nach wie vor virulent, insbesondere, da sich die Ansicht durchgesetzt hat, dass trotz nicht vorhandener Lebenskraft biologische Gesetzmäßigkeiten nicht auf physikalische reduziert werden können (Krohs u. Töpfer, 2005). [...] Die auf das Denken reduzierte substanzielle Seele musste jedoch mit dem Körper in Kontakt treten, und das entsprechende Seelenorgan ist das Gehirn. Die aufblühende Gehirnforschung versuchte daher, das Kommerzium der Denkseele mit dem Gehirn verständlich zu machen, indem sie nach Teilen des Gehirns suchte, wo dieser Kontakt stattfinden konnte. Besonders lehrreich für das Verständnis der entsprechenden Vorstellungen zur Zeit Kants ist dessen Auseinandersetzung mit Soemmering (Euler, 2002). Kant weist Formulierungen wie ›Sitz der Seele‹ zurück, weil sie die Räumlichkeit der Seele unterstellen. Er folgt in dieser Hinsicht aber nicht Descartes, sondern folgt, statt von einer substanziellen Denkseele auszugehen, der epistemologisch relevanten Unterscheidung zwischen äußerem und innerem Sinn. Seelisches könne nur über den inneren Sinn, also als Zeitliches, angeschaut werden, und nicht als Äußeres, Räumliches.

Kant beschäftigte sich mit der Frage, ob eine von der Philosophie getrennte Naturwissenschaft Psychologie möglich sei. In der Vorrede seiner Schrift ›Metaphysische Anfangsgründe der Naturwissenschaft‹ (MAN) von 1786 bestimmte er den Begriff Natur als den ›Inbegriff aller Dinge, so fern sie Gegenstände unserer Sinne, mithin auch der Erfahrung sein können‹, also als »das Ganze der Erscheinungen, d. i. die Sinnenwelt mit Ausschließung aller nicht sinnlichen Objekte«. Er führt weiter aus:

> ›Die Natur in der Bedeutung des Wortes genommen, hat nun, nach der Hauptverschiedenheit unserer Sinne, zwei Hauptteile, deren der eine die Gegenstände äußerer, der andere den Gegenstand des inneren Sinnes enthält, mithin ist von ihr eine zwiefache Naturlehre, die Körperlehre und die Seelenlehre möglich, wovon die erste die ausgedehnte, die zweite die denkende Natur in Erwägung zieht‹ (Kant, 1786/1995, S. 11).

Es handelt sich bei der ausgedehnten und der denkenden Natur allerdings nicht um die beiden Substanzen des Descartes, sondern um zwei Bezirke der Erfahrung, die durch den äußeren und den inneren Sinn demarkiert werden. Die Körperlehre gehört zu Ersterem, die Seelenlehre zu Letzterem. Bei Wilhelm Wundt, einer der wichtigsten Gründerpersönlichkeiten der neuzeitlichen Psychologie (ohne Seele), findet sich ebenfalls das Konzept der Einheitlichkeit der Erfahrung, die entlang des Innen-Außen-Topos gegliedert ist. Es sei, so Wundt in seinem aktuell gebliebene Aspekte enthaltenden Text ›Die Definition der Psychologie‹, nicht der Gegenstand, der die Psychologie von den Naturwissenschaften scheidet, ›sondern der Standpunkt der Betrachtung. Die Naturwissenschaft untersucht die Objekte der Erfahrung in ihrer wirklichen, objektiven Beschaffenheit; die Psychologie betrachtet sie, insofern sie von uns erfahren werden, und in bezug auf die Entstehung solcher Erfahrungen‹ (Wundt, 1911, S. 118)« (Mack, 2007, S. 13 f.).

Die empirische Psychologie trifft nach Kant immer nur auf ein empirisches Ich, das wie alle Erfahrungsobjekte auf Gegebenheiten in der Anschauung, der Sinnlichkeit, beruhe. Die rationale Psychologie hingegen habe als einzigen Text das »Ich denke«, das alle unsere Vorstellungen begleiten können muss (Kant, 1787/1980, B131, B132), das aber keine Vorstellung ist, sondern eine transzendentale Voraussetzung des Habenkönnens von Vorstellungen. Die Antworten der rationalen Psychologie werden auf der Ebene der Unterscheidung zwischen Erscheinung und Ding an sich abgewiesen. Das »Ich denke« wird nicht mehr cartesianisch auf ein reales (denkendes) Subjekt bezogen, sondern dieses wird inhaltlich immer mehr verringert bis auf jenen Grenzbegriff des transzendental-logischen Subjekts, das der Einheitsfunktion der transzendentalen Apperzeption nur noch als Aufhänger dient, aber keinen realen Gegenstand als solchen mehr bezeichnet. Das »Ich denke« ist dann nur noch »die bloß logische Funktion, mithin lauter Spontaneität der Verbindung des Mannigfaltigen einer bloß möglichen Anschauung«, so dass das »denkende[n] Ich [Seele]« »die Kategorien, und durch sie alle Gegenstände, in der absoluten Einheit der Apperception« »durch sich selbst erkennt«, nicht aber gleichzeitig oder nachträglich »sich selbst durch die Kategorien«, weil die Voraussetzung jeder Erkenntnis eines Objekts überhaupt nicht auch selbst noch einmal als Objekt erkannt werden kann. Kant bestreitet genau von hier aus die Argumente der rationalen Psychologie, die er als Paralogismen bezeichnet. Entscheidend ist die Zurückweisung des Schlusses von der Beständigkeit des logischen Subjektes »Ich denke« auf die Realität einer Substanz, womit auch der Gedanke der Seele als Substanz zurückgewiesen wird. Von der rationalen Seele, die Descartes noch als Substanz *res cogitans* neben die Substanz *res extensa* setzte, ist nach Kants Kritik nur noch »eine Form des Verstandesurteils überhaupt« (Kant, 1787/1980, B 406) übriggeblieben, die allerdings als transzendentale Einheit der Apperzeption fundamental wichtig ist, da sie die Einheit der Erkenntnis aus Anschauung und Verstand in der Form der Einheit des Bewusstseins garantiert. »Seele« ist aber nur noch ein Name für den »transzendentalen Gegenstand des inneren Sinnes« (Kant, 1787/1980, A 360), womit der Weg eröffnet war für »Ich« und »Selbst« als Nachfolgebegriffe für »Seele«. Aber es gibt keinen Weg, von diesem logischen Subjekt auf die traditionellen Merkmale der Seele – Substanzialität, Einfachheit, numerische Identität – zu schließen. Beschreitet man ihn doch, führt das zu dem Paralogismus, dass man (transzendentales) Subjekt mit Substanz verwechselt. Das bestimmbare Selbst wird durch begriffliches Denken des anschaulichen Selbst bestimmt, aber das bestimmende Selbst, das Spontaneität genannt wird, ist als transzendentales Subjekt im bloßen Denken, also ohne Anschauungsbestimmung, gegeben. Das Ich im empirischen Satz »Ich denke« ist keine empirische Vorstellung, es kann nicht Objekt werden: »Nicht das Bewusstsein des Bestimmenden, sondern nur das des be-stimmbaren Selbst, d.i. meiner inneren Anschauung (so fern ihr Mannigfaltiges der allgemeinen Bedingung der Einheit der Apperzeption im Denken gemäß verbunden werden kann), ist das Objekt« (Kant, 1787/1980, B407).

Mit Kant treten damit Subjekt, verstanden als empirisches Ich, das aber die Modi des Selbstbewusstseins »als bloße logische Funktionen« (Kant, 1787/1980, B406, B407) zur Voraussetzung hat und Substanz, verstanden als substanzielle Seele, auseinander.

Wege zur Psychologie ohne Seele: Von Kant bis zur Gegenwart

»Kant zufolge muss die Psychologie also eine empirische Disziplin sein, als rationale gerät sie in unauflösbare Widersprüche. Doch auch im Bereich der empirischen Wissenschaften gibt es nach Kant eine epistemische Hierarchie, die aus seiner Erkenntniskritik folgt. Diese war bestrebt, Sinnlichkeit und Verstand über die Kategorien der Vernunft in ein angemessenes Verhältnis zueinander zu bringen. Die Vernunft gibt dem Verstand die Regeln als Weise der Ermöglichung begrifflicher Synthesen vor, wobei erst das mit den Sinnen Aufgenommene die leeren Begriffe erfüllt und damit die ohne Begriffe blinde Sinnlichkeit zur Erkenntnis bringt. Die Kategorien erlauben die Erkenntnisbildung auf der

Basis der apriorischen Anschauungsformen von Raum und Zeit, auf denen die Möglichkeit der reinen Mathematik beruht, womit Kant die Newton'sche Naturphilosophie erkenntnistheoretisch einholt. Die epistemische Hierarchie der Naturlehren beruht nun gerade darauf, dass ›eigentliche Wissenschaft‹ nur diejenige genannt werden kann, ›deren Gewißheit apodiktisch ist; Erkenntnis, die bloß empirische Gewißheit enthalten kann, ist ein nur uneigentlich so genanntes Wissen‹ (Kant, 1786/1995, S. 12). ›Ich behaupte aber‹, so Kant schließlich, ›dass in jeder besonderen Naturlehre nur so viel eigentliche Wissenschaft angetroffen werden könne, als darin Mathematik anzutreffen ist‹. Jede eigentliche Wissenschaft der Natur erfordert ›einen reinen Teil, der dem empirischen zum Grunde liegt, und der auf Erkenntnis der Naturdinge a priori beruht‹ (Kant, 1786/1995, S. 14). Die empirische Seelenlehre kommt nun deswegen nicht in den ›Range einer eigentlich so zu nennenden Naturwissenschaft‹, weil die Psychologie keine Mathematik auf ihr eigentlich empirisches Material, die Phänomene des inneren Sinnes, anwenden kann, da dieser keine räumliche Ausdehnung hat, sondern dessen Phänomene nur in der eindimensionalen Zeit angeschaut werden. Da die Möglichkeit reiner Mathematik auf den Anschauungsformen von Raum und Zeit beruht, kann die Psychologie ›niemals etwas mehr als eine historische, und, als solche, [...] systematische Naturlehre des inneren Sinnes, d. i. eine Naturbeschreibung der Seele, aber nicht Seelenwissenschaft [...] werden‹ (Kant, 1786/1995, S. 16). [Auch im Bereich der empirischen Wissenschaften hat die Psychologie keinen besonders hohen Rang,] denn die Psychologie erreicht nicht einmal die Qualifikation als ›systematische Zergliederungskunst‹ oder ›Experimentallehre‹ wie die »uneigentliche Wissenschaft« Chemie. Das Experimentieren nach Art der Chemie in der Psychologie sei undenkbar, »weil sich in ihr das Mannigfaltige der inneren Beobachtung nur durch bloße Gedankenteilung von einander absondern, nicht aber gesondert aufbehalten und beliebig wiederum verknüpfen, noch weniger aber ein anderes denkendes Subjekt sich unseren Versuchen der Absicht angemessen von uns unterwerfen lässt, und selbst die Beobachtung an sich schon den Zustand des beobachteten Gegenstandes alteriert und verstellt« (Kant, 1786/1995, S. 16).

In ähnlicher Weise kritisierte Comte die Annahmen der rationalistischen Seelenlehre, und im heraufkommenden Zeitalter des Positivismus bekam der Ausdruck ›Metaphysik‹ die Konnotation ›unwissenschaftlich‹. Damit war für die Konstitution der Psychologie im 19. Jahrhundert ein wichtiger Rahmen gesteckt. Die Psychologie musste Methoden entwickeln, die wissenschaftlichen Standards entsprachen, und zum anderen schien es geboten, die metaphysischen Seelenlehren der Philosophie zu überlassen.

Pongratz ist zuzustimmen, wenn er feststellt, dass ›in der Preisgabe des Substanzbegriffes die Wurzel der »Psychologie ohne Seele«‹ (Pongratz, 1984, S. 56) liege. Obwohl es dafür auch noch andere Gründe gab wie die Krise der idealistischen Philosophie am Ende der ersten Hälfte des 19. Jahrhunderts (Schmidt, 1995), so war dies mit ein Grund, sich von der Philosophie zu trennen, denn die empirische Psychologie wollte keine metaphysische sein (vgl. hierzu Schmidt, 1995; Pongratz, 1984; Benetka, 2002; Danziger, 1997). Aber ebenso wenig wollte sie eine Hilfsdisziplin der Physiologie werden, insbesondere der Humanphysiologie. Es waren unter anderem philosophisch gebildete Physiologen, die der Psychologie zu einer eigenständigen Entwicklung mitverhalfen. Es gab Bestrebungen zu zeigen, dass man die Mathematik auf die Psychologie anwenden konnte – was vor allem durch Gustav Theodor Fechner als erwiesen erschien[2], der demonstrierte, dass eine (logarithmische) Maßfunktion geeignet ist, die Urteile über Differenzen von Sinnesempfindungen mit den korrespondierenden physikalisch gemessenen Differenzen zu verknüpfen. Fechner ist insofern ein Außenseiter, als er mit der Psychophysik eigentlich ein philosophisches Programm verband: zu zeigen, dass Leib und Seele zwei verschiedene Seiten ein und desselben seien« (Mack, 2007, S. 16 f.), das sich einmal in der inneren Erfahrung als Geist zeige, ein andermal in der äußeren Erfahrung als körperliche Erscheinung, sich beide Erscheinungsweisen funktional aber exakt verknüpfen lassen, weil sie zu einer Entität gehören (vgl. Heidelberger, 1988). Seine historische Wirksamkeit besteht vor allem darin, das methodische Rüstzeug zu verbessern, das in der Sinnesphysiologie erfolgreich eingesetzt

2 Fechner bezieht sich auf J. F. Herbart, der schon 1816 versuchte zu zeigen, dass man Mathematik auf Psychisches anwenden kann.

werden konnte und das zusammen mit der Reaktionszeitmethodik den Kernbestand der neuen, nach dem methodischen Vorbild der Physiologie experimentierenden Psychologie bildete, der von Wundt und seinen Mitarbeitenden verfeinert und ausgebaut wurde.

»Für die nun sich naturwissenschaftlich verstehende Psychologie war auch Hermann von Helmholtz maßgebend, der mit der Messung der Nervenleitgeschwindigkeit dem inneren Sinn Kants von außen nahezukommen schien. Darauf basierend wurden Verfahren und eine Forschungslogik entwickelt, um aus den Reaktionslatenzen auf dem Bewusstsein nicht zugängliche psychische Prozesse zu schließen, die psychischen Leistungsprodukten zugrunde liegen. Die Analyse von Reaktionszeiten und die Analyse von Fehlern des Leistungshandelns sind bis heute die Hauptmethoden der experimentellen Psychologie des Wahrnehmens und Handelns (Prinz, 1983), aber auch der Intelligenzforschung (Mack, 1999). Benetka (2002) ist zuzustimmen, wenn er Teile des Helmholtz-Programmes unter der Rubrik »Physiologisierung von Kant« behandelt. Helmholtz war es auch, der im Rahmen erkenntnistheoretischer Überlegungen betonte, dass die sinnesphysiologische Forschung nicht ohne die Psychologie auskommt. Ein wichtiger Aspekt ist seine Konzeption von unbewussten Schlüssen. Er nimmt bereits die moderne Konzeption der Informationsverarbeitungspsychologie vorweg, der zufolge ein Reiz Stufen von Verarbeitungsprozessen unterliegt, von denen nur einige Teilresultate und meistens nur die Endprodukte dem Bewusstsein zugänglich sind. Die Wahrnehmungspsychologie kann mit Hilfe experimenteller Methoden solche psychischen Prozesse nachweisen, die der psychologischen Selbstbeobachtung nicht zugänglich sind. Helmholtz grenzt die Aufgaben der Physiologie und Psychologie voneinander ab und eröffnet letzterer damit einen eigenen Gegenstandsbereich. Im Fall der physiologischen Optik ›fällt der Psychologie die Lehre von dem Verständnisse der Gesichtsempfindungen [zu], welche von den Vorstellungen handelt, die wir auf Grund der Gesichtswahrnehmungen über die Objekte der Außenwelt uns bilden‹ (Helmholtz, 1866, S. 30; zit. nach Benetka, 2002, S. 57). Ersetzt man ›Vorstellungen‹ durch Repräsentation, dann erkennt man den Grundbegriff der Kognitionspsychologie und Kognitionswissenschaft wieder« (Mack, 2007, S. 17 f.).

Wilhelm Wundt schließlich hat als ehemaliger Assistent von Helmholtz dessen Programm adaptiert, durch die Einrichtung eines psychologischen Labors in Leipzig 1879 einen ersten Schritt zur Institutionalisierung der Psychologie als eigenständiges Universitätsfach getan. Das Besondere an Wundt war, dass er sich nicht auf die Psychophysik der Sinneswahrnehmungen beschränkte, sondern 1874 ein Werk vorlegte, die »Grundzüge der Physiologischen Psychologie«, in denen er den Versuch unternahm, die Psychologie als eigenständiges Fach darzustellen. Dies tat er, indem er psychologische Fragestellungen gegen die Philosophie einerseits und die Physiologie andererseits abgrenzte. Schon 1863 stellte er die Frage: »Wie ist es möglich [...], an der Seele, die sich ja ganz unserer sinnlichen Anschauung entzieht, Experimente anzustellen?« (Wundt, 1863, S. VI). Die Antwort ist: »Durch die Sinne, durch Körperbewegungen steht die Seele in fortwährender Verbindung mit der Außenwelt. Auf die Sinne und auf die Bewegungen können wir nach Willkür äußere Einwirkungen anwenden, die Erfolge beobachten und aus diesen Erfolgen Rückschlüsse machen auf die Natur der psychischen Prozesse« (S. VII). Psychisches wird sozusagen über die Ausdruckserscheinungen zugänglich gemacht, Psychisches muss in kontrollierter Weise externalisiert, objektiviert werden.

Dabei lehnte Wundt die Auffassung der Seele als Substanz ab, Seelisches existiert nur als Prozess, es gibt also kein Wesen Seele, sondern das Wort Seele ist ein Sammelbegriff für seelische Ereignisse und Eigenschaften. Seele sei ein »Hülfsbegriff der Psychologie« in »ähnlicher Weise wie der Begriff der Materie ein Hülfsbegriff der Naturwissenschaft« sei (Wundt, 1896, S. 363). Jedoch »sei er insofern unentbehrlich, als wir durchaus eines die Gesammtheit der psychischen Erfahrungen eines individuellen Bewusstseins zusammenfassenden Begriffs bedürfen, wobei aber natürlich auch hier der nähere Inhalt dieses Begriffs ganz und gar von den weiteren Hülfsbegriffen abhängt, welche die Natur der psychischen Causalität näher angeben« (S. 363). Diese Begriffserläuterung Wundts macht deutlich, dass das Substantiv Seele allenfalls ein grammatisches Subjekt ist, von dem man seelische Prädikate aussagen kann. Das heißt, die Seele gibt es allenfalls als Ordnungsbegriff für seelische Eigenschaften.

Allerdings vertritt Wundt eine erheblich breitere Konzeption von Psychologie als Helmholtz. »Er unterscheidet zwischen einer eher experimentellen Individualpsychologie und einer nichtexperimentellen, kulturwissenschaftlichen Völkerpsychologie, die sich zusätzlich historischer, ethnologischer sowie linguistischer Methoden bedienen muss. Denn die höheren geistigen Prozesse des Menschen lassen sich nach Wundt nicht experimentell untersuchen, sondern müssen anhand der Produkte derselben, der kulturellen Erzeugnisse, erforscht werden. Zentral ist Wundts Lehre von den Ausdruckserscheinungen, mit der er an die Sprache als Ausdruck höherer geistiger Prozesse herangeht. Des Weiteren betont er, dass die Psychologie in enger Verbindung mit der Philosophie bleiben muss, da sie ansonsten zu einer bloß technischen Disziplin werde. Er hebt den Primat des erkennenden Subjekts hervor, das sich nicht vollständig objektivieren lasse (Wundt, 1911). Diese Sichtweisen Wundts sind aber im Rahmen des Trennungsprozesses von der Philosophie und der apologetischen Vereinnahmung Wundts für eine naturwissenschaftliche, positivistische Psychologie nicht in die disziplinäre Verselbstständigung der Psychologie übernommen und sein Erbe ist nicht vollständig angenommen worden (Mack, 2006). Im Verlaufe dieser Entwicklung bildeten sich unterschiedliche Zweige der Psychologie aus. Diese reichen von einer strikt positivistischen, an der Physik orientierten Experimentalpsychologie, die mit dem Behaviorismus nicht nur die Seele, sondern auch das Bewusstsein als überflüssig ansah, bis zu einer verstehenden, hermeneutischen, auch phänomenologischen Psychologie. Im Gefolge des Psychologismusstreites überließ man Geltungsfragen, Fragen, die mit der Intentionalität, den Gehalten psychischer Prozesse zu tun haben, der Philosophie« (Mack, 2007, S. 18).

Im selben Jahr, als Wundt seine programmatische Schrift »Grundzüge der physiologische Psychologie« (1874) veröffentlichte, erschien Franz Brentanos Schrift »Psychologie vom empirischen Standpunkt« (1874). Franz Brentano (1838–1917) war einer der wenigen Persönlichkeiten, die eine neue Psychologie gründen wollten, ohne ein Physiologe zu sein, vielmehr war Brentano Philosoph und ein ehemaliger katholischer Priester. Die Wirkung seines Werkes ist auch diffuser als diejenige Wundts. Wundt gründete eine psychologische Fachzeitschrift, ein psychologisches Labor und ein psychologisches Institut, war fachpolitisch aktiv, so dass unter Berufung auf seine Gründungsschrift 1904 die »Gesellschaft für experimentelle Psychologie« entstand. Ein Großteil der amerikanischen Psychologen, die in den USA psychologische Institute gründeten, waren von seinem Labor und seiner Arbeitsweise beeinflusst worden. Mit Brentano ist die Phänomenologische Psychologie verbunden, die vor allem durch Edmund Husserl eine nachhaltige Wirkung ausübte. Franz Brentano definierte die Psychologie als Wissenschaft von den psychischen Erscheinungen: »Denn mag es eine Seele geben oder nicht, die psychischen Erscheinungen sind ja jedenfalls vorhanden« (Brentano, 1874, S. 27). Brentano meint, dass die Ergebnisse der empirischen Psychologie sowohl mit der metaphysischen Annahme einer eigenständigen Seelensubstanz als auch mit der Annahme einer Psychologie ohne Seele vereinbar seien. Brentano weist darauf hin, dass die ältere Psychologie den Seelenbegriff vor allem im Zusammenhang mit der Diskussion über die Unsterblichkeit verwendet habe. Wenn man diesen Aspekt ausklammert, dann braucht man für eine empirische Psychologie keinen Seelenbegriff. Im Gegensatz zu Wundt bemüht sich Brentano aber darum, den Unterschied zwischen Psychischem und Physischem deutlich herauszuarbeiten. Wundt geht von einem ontologischen Monismus aus, erkenntnistheoretisch und forschungsmethodologisch aber von einem Aspektdualismus: Psychologische und physiologische Tatsachen seien »nicht verschiedene Erfahrungsobjecte, sondern nur verschiedene Standpunkte gegenüber einer und derselben Erfahrung« (Wundt, 1896, S. 371). Entsprechend ist sein psychophysiologischer Parallelismus erkenntnistheoretisch und methodologisch motiviert, wobei sein ontologisch verstandenes Konzept der Einheitlichkeit der Erfahrung durchaus philosophisch hinterfragt werden muss und eher den Charakter eines Postulates als einer gut begründeten These darstellt (Bushuven, 1993). Brentano hingegen sieht in der Intentionalität des Psychischen den entscheidenden Unterschied zu Physischem. Mit Intentionalität ist gemeint, dass Psychisches stets auf etwas anderes bezogen ist. Sehen ist als Akt eine Beziehung auf ein Objekt, auf etwas Gesehenes, Vorstellen beinhaltet etwas Vorgestelltes, Fühlen etwas Gefühltes. Kein Physisches zeigt diese gewissermaßen transzendente Charakteristik, mehr zu sein, als es ist, indem es auf etwas anderes bezogen ist, modern gesprochen, einen semantischen Gehalt hat (Crane, 2007).

Bis heute ist dieses Problem der Intentionalität des Psychischen in der Analytischen Philosophie des Geistes bekannt als »Brentanos Problem«, denn ein reduktionistischer Physikalismus hätte zu zeigen, dass semantische Gehalte, Bedeutungen, etwas Physikalisches sind. Aber schon die Formulierung des Physikalismus macht von semantischen Gehalten Gebrauch, so dass es fraglich ist, ob eine naturalistische, materialistische Theorie der Bedeutung möglich ist.

Als letzten wichtigen Repräsentant aus der Gründungsphase der modernen, gegenwärtigen Psychologie möchte ich den US-Amerikaner William James (1842–1910) nennen, Arzt und Philosoph, Bruder des bekannten Schriftstellers Henry James. Wie Wundt sieht auch William James die Seele als Prozess an, der *stream of consciousness* ist hier der entsprechende Ausdruck. Auch bei James steht das bewusste, subjektive Geschehen im Zentrum. James lehnt metaphysische Seelenspekulationen ab und schlägt als Nachfolgebegriff, an John Locke orientiert, *self* vor. James hält es für eine fundamentale psychologische Tatsache, dass die Welt aus *me* und *not-me* besteht. Das Wort *me* bezeichnet nach James das empirische Selbst, das er unterteilte in *material self, social self, spiritual self* und *pure ego.* Mit dem *pure ego* meinte er das reine Prinzip der personalen Identität behandeln zu können, aber er sah dann doch darin »a ›cheap and nasty‹ edition of the soul« (James, 1890, S. 235). Es ist letztlich eine etwas anspruchsvollere und verbesserte Hume'sche Bündeltheorie: Der Mensch ist eine fluktuierende Eigenschaftskonstellation, die man zu phasenweisen stabilen Eigenschaftsclustern zusammenfassen und ganz nominalistisch mit Selbstnamen wie soziales Selbst oder Berufsselbst benennen kann. Die Psychologie versucht diesen vielgestaltigen Eigenschaftskonstellationen durch eine, allerdings wenig reflektierte, Ausweitung von Bindestrich-Selbsten beizukommen (vgl. Greve, 2000), aus philosophischer Sicht bleibt von der Seele ein Selbstmodell (vgl. Metzinger, 2000 u. a.).

Die Bewusstseinspsychologie wurde vor 100 Jahren durch den Behaviorismus kritisiert und es setzte sich über mehrere Jahre das Verständnis von Psychologie als Verhaltenswissenschaft durch. Begünstigt wurde dies dadurch, dass die europäische Tradition der Phänomenologie und der phänomenologischen Psychologie sich nicht gegenüber der verhaltenswissenschaftlichen Psychologie durchsetzen konnte, die primär amerikanisch geprägt war. Der Behaviorismus fordert, dass nur interpersonal beobachtbares Verhalten Gegenstand der psychologischen Forschung sein soll. Nicht nur der Seelenbegriff wird abgelehnt, sondern auch der Bewusstseinsbegriff sowie alle inneren mentalen Prozesse. In einer liberaleren Variante, die bis heute in Form methodologischer Konzepte dominiert, spricht man dann, wenn man methodisch sehr genau sein möchte, von intervenierenden Variablen und hypothetischen Konstrukten wie zum Beispiel Intelligenz. Mess- und Testverfahren sollen den wissenschaftlichen Bedeutungsrahmen festlegen. Nach dem Behaviorismus trat der Kognitivismus seinen Siegeszug an, wobei die moderne Informationstechnologie die psychologische Theoriebildung beeinflusste. Der programmierbare Computer wurde nach dem Zweiten Weltkrieg als ein Modell des Seelischen herangezogen (Gardner, 1989), die informationstechnische Kommunikationstheorie von Shannon und Weaver, die Kybernetik als Lehre von der Steuerung und Regelung, die sowohl auf Maschinen, aber auch auf Lebewesen angewandt werden kann, die Automatentheorie, aber auch die Theorie der Syntax, wie sie Chomsky entwickelte und mit dieser erfolgreich die Ansprüche des Behaviorismus zurückwies, mit der Reiz-Reaktions-Theorie alle psychischen Prozesse, insbesondere auch die Sprache, erklären zu wollen. In Form der Systemtheorie wurden diese Theoriestränge teilweise miteinander verwoben, im Kognitivismus schließlich zusammen mit dem philosophischen Funktionalismus zu einem interdisziplinären Forschungsprogramm verbunden, das vor allem mit der Forschung zu Künstlicher Intelligenz sowie mit der Kognitiven Robotik über den Wissenschaftsbereich hinaus bekannt wurde. An dieses Programm schließen heute die Kognitiven Neurowissenschaften an. Demzufolge werden geistige Prozesse als Computerprogramme modelliert, das Gehirn wird als ein komplexer Rechenautomat verstanden, der mentale Modelle errechnet, mit deren Hilfe wir uns an unsere Umwelt anpassen. Die am Paradigma des Geistes als Rechenprozedur orientierte Computermetapher erlaubte wieder die Einführung mentaler Größen, wobei das Psychische als informationsverarbeitender Algorithmus gedeutet wird. Die Kognitionspsychologie, die dabei psychische Eigenschaften als Teil eines Rechenprogramms versteht (computationale Theorie des Geistes) deutet daher konsequent auch die Seele als Programm (Münch, 1992). Die Metapher vom Körper als *hardware* und dem Geist als *software* ist in der Psychologie häufig zu hören, aber meist eine saloppe Formulierung des Psychofunktionalismus, der gewissermaßen als die Leitphilosophie der kognitionswissenschaftlichen Psychologie anzusehen ist.

Auch der Begriff »Bewusstsein« wurde wieder Gegenstand psychologischer Forschungen, aber dieser Begriff gab fast nur Anlass zur Kreation von (philosophischen) Scheinproblemen (Kemmerling, 1999), so dass die Fülle der Literatur dazu in keinem Verhältnis zu dem Erkenntnisgewinn steht. Das sogenannte Qualia-Problem ist damit verwandt und ich bin mir nicht sicher, ob das überhaupt ein Problem für die wissenschaftliche Psychologie ist, es ist allenfalls eines für Philosophen.

Zentral ist, dass psychische Prozesse als Informationsverarbeitungsprozesse verstanden werden. Information ist geradezu ein Zauberwort. Der Behaviorismus wurde durch die Kybernetik und die Algorithmentheorie abgelöst und was Computer verarbeiten, das ist Information, aber auch das, was Gehirne verarbeiten. Mit Information meint man, einen natürlichen Begriff für Seelisches, Geistiges zu haben. Information ist, einem im deutschen Sprachraum verbreiteten Lehrbuch der Allgemeinen Psychologie zufolge, ein wichtiger Brückenbegriff zwischen Psychologie und Neurowissenschaften (Müsseler, 2008). Allerdings finden sich dann keine weiterführenden Explikationen zu Information, was typisch ist für fast alle Lehrbücher der Psychologie und Neurowissenschaften. Der angebliche Grundbegriff Information wird in der Kognitionswissenschaft und der Psychologie relativ unreflektiert verwendet zusammen mit dem Begriff *computation,* obwohl *computation* das sein soll, was das Gehirn macht (Piccinini u. Scarantino, 2011; vgl. auch Münch, 1992). Der Philosoph Dretske entwickelte eine philosophische Konzeption zu Information in seinem Buch »Knowledge and the flow of information« mit dem Ziel, mit Hilfe des Informationsbegriffes geistige Prozesse materialistisch deuten zu können (Dretske, 1981). Dazu muss gezeigt werden, dass Intentionalität auf Information reduziert werden kann, semantische Gehalte als Information verstanden werden können. Das setzt voraus, dass der rein syntaktische Informationsbegriff zu einem semantischen und pragmatischen erweitert werden kann. Das ist aber meines Erachtens Dretske nicht gelungen, der sich aber immerhin um eine philosophisch anspruchsvolle Fundierung des Begriffes »Information« bemühte. In der Psychologie der Informationsverarbeitung findet keine theoretische Klärung des Informationsbegriffes statt, vielmehr ist die häufige Verwendung dieses Begriffs Ausdruck des Wunschdenkens, damit ein Begriffsvehikel zu haben, das eine naturwissenschaftliche Konzeption des Seelischen, Geistigen transportiert.

Die durchaus bunte Hausphilosophie des Kognitivismus ist der Funktionalismus, welcher seelische Eigenschaften nicht mit physischen Eigenschaften identifizieren möchte. Damit vermeidet man es, entgegen unserer Erfahrung das Psychische zu eliminieren oder für epiphänomenal und damit für wirkungs- und bedeutungslos zu erklären. Das sieht nach einer guten Lösung des Leib-Seele-Problems oder Hirn-Geist-Problems aus, aber eine solche ist es keineswegs. Denn man ist angestrengt bemüht, nicht in die Gruppe der Dualisten eingeordnet zu werden, manche nehmen einen Eigenschaftsdualismus noch hin und versuchen einen Spagat mit anomalem Monismus, Supervenienztheorie oder verweisen etwas hilflos auf den angeblichen Fortschritt der Erkenntnis in Jahrzehnten oder Jahrhunderten, der es schon richten wird. Der Funktionalismus betont zwar eine gewisse Eigenständigkeit des Psychischen und lehnt offiziell einen reduktionistischen Physikalismus ab, aber Mentales ist durch seine kausale, funktionale Rolle in einem System von materiellen Strukturen definiert. Es kann auf unterschiedliche Weise materiell realisiert sein, aber es muss letztlich materiell realisiert sein, so dass ein Funktionalismus letztlich ein Materialismus[3] ist, der aus Gründen der Denkökonomie Seelisches akzeptiert. Wenn man das Kernproblem des Leib-Seele-Problems in den Blick nimmt, das Problem der mentalen Verursachung, dann kann man verdeutlichen, dass Funktionalismus und nichtreduktiver Physi-

3 Statt von Materialismus wird inzwischen von Physikalismus gesprochen, da Materie nicht erschöpfend den Gegenstand der Physik beschreibt. Auch soll wohl die Suggestion vermieden werden, es gebe eben letzte unteilbare Elemente (Materie im Sinne von Atomen), aus denen alles besteht.

kalismus inkonsistent sind und damit reduktive Physikalismen (Matt, 2004)[4]. Man könnte vielleicht den Funktionalismus retten, indem man ihn neoaristotelisch, hylemorphistisch erweitert und zum Beispiel den Informationsbegriff im Rahmen der Lehre von substanziellen Formen zu rekonstruieren versucht (zur Verbindung der präsenten Informationsbegriffe zu Aristoteles vgl. Voigt, 2008). Aber besser wäre es, gleich eine hylemorphistische Lösung des Leib-Seele-Problems zu entwickeln, die Dualismus von Seele und Körper sowie den physikalistischen Monismus vermeidet.

Der Normalfall ist aber eine instrumentalistische Einstellung gegenüber dem Mentalen, wie dies prototypisch und repräsentativ von Daniel Dennett (1992) propagiert wird. Dies hat er mit seiner These des intentionalistischen Standpunktes deutlich hervorgehoben. Diese Haltung besagt nur, dass wir es einfach nicht schaffen, ohne Psychisches auszukommen, wenn wir uns wechselseitig unser Tun und Erleben verständlich machen wollen, vor allem, wenn wir Handlungen erklären wollen, müssen wir auch Rationalität in Anspruch nehmen. Aber ontologisch gesehen gibt es nur Physisches. Ein wenig erinnert das an Wundts Rede von der Seele als Hilfsbegriff, wobei Wundt sich aber metaphysisch zurückhält, da der Materialismus seiner Ansicht nach erfahrungsüberschreitende Metaphysik ist. Wir erfahren unser Erfahren nun mal nicht als materiellen Prozess und müssen einen Eigenschafts- bzw. Aspektdualismus, aber auch einen methodischen korrelationistischen Parallelismus[5] von Hirn- und Geistprozessen akzeptieren und pragmatisch für die Forschung die metaphysischen Fragen offenlassen. Diese Art von Pragmatismus ist es wohl auch, die keine Notwendigkeit sieht, die Begriffe Seele und Leib verwenden zu müssen. Es sind ja Hilfsbegriffe und wenn man ihre Hilfe nicht mehr benötigt, dann verwendet man andere.

4 Matt zeigt, dass der Funktionalismus und der nichtreduktive Physikalismus unvermeidlich in einen reduktiven Physikalismus münden.

5 Es gibt keinen geistigen Zustanden M, der nicht ohne einen neuronalen Paarling N auftritt, wobei das Umgekehrte nicht gilt.

Funktionen der Seele

Ist es auch eine Hilfskonstruktion, Psychologie als Wissenschaft von den psychischen Funktionen zu verstehen, zum Beispiel der Wahrnehmung, des Vorstellens, des Urteilens, des Denkens, des Wünschens, des Entscheidens und des Handelns? Man vermeidet es dann, von der Seele zu sprechen. Dieses Buch heißt aber »Funktionen der Seele«, was suggeriert, dass es eine Entität Seele gibt. Die Rede von psychischen Funktionen ist ja durchaus verbreitet, aber was sind Funktionen? Jedenfalls bedarf es eines Funktionsträgers, der als materielle Konfiguration aus Komponenten eine Funktion zu realisieren erlaubt. Das Sehen als Wahrnehmungsfunktion braucht ein Sehorgan, die Augen, spezielle visuelle Sensoren, Neuronennetze und Effektoren, die die Ausrichtung der Augen steuern und regeln.

Schönpflug beispielsweise meint, einzelne »psychische Phänomene nennt man auch psychische Funktionen. ›Funktion‹ bedeutet dabei ›Leistung‹ (lat. functio: Arbeit)« (Schönpflug, 2006, S. 19). Unter dem Hinweis auf ein allgemeines Verständnis definiert er Funktion als »einen Dienst oder eine Leistung in einem größeren Zweckverband. In diesem Sinne bestimmt man Funktionen, Funktionsträger oder Funktionäre in Gemeinden, Vereinen u. Ä.« (S. 20). Er teilt die psychischen Phänomene und psychischen Funktionen in drei Gruppen ein: in (1) Kognition (Erkenntnis), (2) Motivation, Emotion, Aktion (Streben, Gefühl, Handlung) und (3) innere Körpervorgänge, was der klassischen hierarchischen Dreischichtung der Seele (vegetative, sensu-motorische [i. S. v. sich orientierend bewegen und Bewegtwerden] und intellektive) entspricht.

Bei Schönpflug bleibt das Verhältnis von psychischen Phänomenen (Erscheinungen) und psychischen Funktionen etwas unbestimmt, wenngleich er ihre enge Zusammengehörigkeit herausstellt. Psychologie ist als Wissenschaft der psychischen Funktionen zu verstehen, denn sie wäre unterbestimmt, wenn sie nur als Bewusstseins- oder Verhaltenswissenschaft bestimmt wird oder als Wissenschaft psychischer Phänomene (Brentano). Genauso ist die Formel Psychologie sei die Wissenschaft vom Erleben und Verhalten pseudogenau, da das Verhältnis von Erleben und Verhalten nicht näher bestimmt wird. Stumpf hat eine Bestimmung des Verhältnisses von

Erscheinungen und psychischen Funktionen durchgeführt, die gut verdeutlicht, dass die Psychologie sinnvollerweise als Wissenschaft von den psychischen Funktionen zu verstehen ist.

Der von Brentano stark beeinflusste Stumpf führte 1907 die Unterscheidung »Erscheinungen und psychische Funktionen« ein, die Psychologie ist nicht nur Wissenschaft von den seelischen Erscheinungen (Stumpf, 1907), sondern auch Wissenschaft von den seelischen Funktionen. Diese Unterscheidung ist sinnvoll, denn zur Funktion »Sehen« gehören so unterschiedliche psychische Phänomene wie »einen roten Fleck an der weißen Wand sehen« oder »den Buchstaben A« sehen, wobei alle Seherscheinungen Realisierungen der Funktion Sehen sind. Zu Erscheinungen gehören Inhalte der Wahrnehmungen, der Vorstellungen, aber auch »Gedächtnisbilder«: »Als psychische Funktionen (Akte, Zustände, Erlebnisse) bezeichnen wir das Bemerken von Erscheinungen und ihren Verhältnissen, das Zusammenfassen von Erscheinungen zu Komplexen, die Begriffsbildung, das Auffassen und Urteilen, die Gemütsbewegungen, das Begehren und Wollen« (Stumpf, 1907, S. 4).

Es solle aber keine erschöpfende Klassifikation gegeben werden, die allgemeinsten Klassen von Funktionen seien intellektuelle und emotionelle. Funktionen seien Tätigkeiten und man könne sie genauso als Gegebenheit erfassen wie ein psychisches Phänomen. Stumpf bringt als Beispiel den Unterschied zwischen etwas sehen und das Gleiche vorstellen, ebenso bemerke man, dass man urteilt, man finde auch »spezifische und generelle Verschiedenheiten der Funktionen: Zergliedern, Zusammenfassen, Bejahen und Verneinen, Begehren und Ablehnen sind qualitative Unterschiede im psychischen Verhalten, in der Art und Weise, wie der seelische Organismus arbeitet« (Stumpf, 1907, S. 7).

Zum Verhältnis von »Seele« und »Funktion« führt Stumpf (1907, S. 8) aus:

> »Bewußtsein der psychischen Funktionen ist nicht ohne weiteres Bewußtsein einer Substanz hinter den Funktionen. Die Funktionspsychologie ist verträglich mit der Anschauung, daß die Seele zu fassen sei als ein Ganzes von Funktionen und Dispositionen, wobei dann aber natürlich auch der Körper ebenso nur als ein Ganzes physischer Vorgänge, Eigenschaften, Kräfte, Dispositionen gilt, die Ansichten über das

> Verhältnis dieser beiden Komplexe zueinander aber zunächst völlig frei bleiben. Glaubt man gleichwohl Gründe zu haben, zu jenem Ganzen psychischer Funktionen und Dispositionen, das wir Seele nennen, noch eine uns nicht gegebene Konstante hinzuzudenken, oder sie als einen zwar mitgegebenen, aber nicht für sich bemerkbaren Teil jenes Ganzen zu betrachten, so ist sie doch eben immer nur erschlossen, nicht unmittelbar gegeben im obigen Sinne. Was als Tatsache unmittelbar einleuchten soll, muß wahrnehmbar sein.«

Nach Stumpf sind Erscheinungen und Funktionen eine reale Einheit, denn es ist das »undefinierbare Bewußtsein, in dem Erscheinungen und Funktionen gegeben sind« (S. 9). Eine Funktion kann man nebenbei bemerken, etwa, wenn man einen Fleck an der Wand sieht, bemerkt man, dass man am Sehen ist und nicht den Fleck etwa hört, worauf schon Brentano hinwies. Im Jargon des Repräsentationalismus hat man nicht nur das Repräsentat »Sehding Fleck«, sondern auch, wie man es hat.

Des Weiteren seien die Funktionen nicht restlos in Erscheinungen auflösbar, da kein Prädikat einer Erscheinung zukommt, zum Beispiel »farbig« der Funktion »Sehen«, denn »Sehen« ist nicht farbig. Umgekehrt kann aber auch kein funktionelles Prädikat den Erscheinungen zuerkannt werden, so Stumpf. »Sehen wird nur mit der Farbe, nicht in ihr erfasst« (Stumpf, 1907, S. 12). Es gebe keine logische Notwendigkeit, mit der psychische Funktionen mit psychischen Erscheinungen verknupft seien, »das Vorgestelltwerden und Gedachtwerden ist nicht Merkmal irgendeiner Erscheinung« (S. 13).

Stumpf betont, dass sich psychische Funktionen ändern können ohne Änderung in der Erscheinung: zum Beispiel Wechsel von Vordergrund und Hintergrund, Fokussierung nacheinander auf unterschiedliche Teile einer Erscheinung, man könne auch Teile in einer Erscheinung nicht bemerken (Stumpf, 1907, S. 19). Zusammenfassen und die Bildung von Allgemeinbegriffen seien als intellektuelle Grundfunktionen zu verstehen, intellektuelle Operationen wie Denken können relativ unabhängig von Erscheinungen stattfinden (S. 23). Des Weiteren gebe es als Korrelate von psychischen Funktionen Gebilde wie Gestalt, Form, Begriff und Sachverhalte (S. 24). Schließlich seien Veränderungen an Erscheinungen möglich ohne Änderung der Funktionen wie der kontinuierliche nichtmerkliche Übergang von Hell nach Dunkel in der Dämmerung. Stumpf legt dar, dass es nicht bewusste Änderungen gebe, die mit den Funktionsabläufen in Zusammenhang stehen, insbesondere, was die Rolle der Nachwirkungen gemachter Erfahrungen (Gedächtnis, Assoziationsgesetze) betrifft.

Stumpf hat meines Erachtens klar herausgestellt, dass die Psychologie am sinnvollsten eine Psychologie psychischer Funktionen ist. Die Seele wird aufgehoben im Begriffe des »Ganzen von psychischen Funktionen und Dispositionen«, das Verhältnis zum Körper als dem Ganzen physischer Funktionen ließ Stumpf noch offen. Allerdings sollten die physischen Funktionen in den Seelenbegriff mit aufgenommen werden, womit ich der Grobklassifikation der psychischen Funktionen Schönpflugs und damit mit ihm einer altehrwürdigen Tradition folge. Damit bekommt der Begriff wieder den Status eines Erklärungsbegriffs und der zu erklärende Gegenstand ist das Lebewesen unter der Frage, was eine bestimmte Art von Körpern oder Dingen zu lebendigen macht. Damit verbunden ist die Frage nach den Fähigkeiten und Leistungen eines Lebewesens, zu denen vor allem die Selbsterhaltung und die Selbstreproduktion gehören. Diese Leistungserbringungen sind die physischen Funktionen und psychischen Funktionen.

Die Seele ist dabei keine Substanz, auch nicht der Körper ist eine solche, sondern das Lebewesen als Ganzes. Ich folge Kanzian (2009) in der Überzeugung, dass es nur eine Art von Substanzen im Gesamt alles Seienden gibt und dass dies die Lebewesen sind, welche eine natürliche Art der Kategorie der Dinge sind. Menschen sind eine besondere Art von Lebewesen, wobei die artbildende Differenz zu anderen Lebewesen das Selbstbewusstsein ist, weswegen die Lebewesen der Art Mensch Personen sind. Dazu am Schluss noch ein paar Gedanken.

Ein zentrales Problem ist allerdings, diese Funktionen zu isolieren, sie voneinander abzugrenzen und ihren Beitrag zu übergeordneten Funktionen zu bestimmen wie Erkennen, Fühlen, Orientieren, Aktion, ganz zu schweigen von den besonderen menschlichen psychischen Funktionen, die mit der Sprache verbunden sind. Diese verweisen auf die sozialen Funktionen der Seele, die interpersonelle Interaktion und Kommunikation ermöglichen, die Welt der Artefakte, der Texte, die man als »kommunikativen Text« (vgl.

Röttgers, 2007) oder Semiosphäre über der Biosphäre (vgl. Lotman, 2005; Kotov u. Kull, 2011) verstehen muss. Schon die Verschränkung der Sinnessysteme mit den Motorsystemen zeigt, dass diese Funktionen nur relativ selbstständig sind und nur hinsichtlich ihres Gesamtbeitrages für erfolgreiches Verhalten und Handeln angemessen bewertet werden können. Der Erfolg besteht in der Anpassung und Bewältigung von Problemen, die natürliche und kultürliche Situationen stellen. Zunächst muss ein Lebewesen seine funktionelle Organisation erhalten und reproduzieren, dazu braucht es das koordinierte Zusammenwirken verschiedener psychophysischer Funktionen. Lebewesen sind funktionell organisierte Systeme und unterscheiden sich daher von Aggregaten wie einem Sandhaufen, der auch ein System ist, dessen Teile aber nicht funktionell im Rahmen einer Systemgrenze (bei Lebewesen die Haut bzw. Membran) zusammenwirken und dessen Teile homogen sind. Die Teile eines Lebewesens sind verschiedener Art, die als Organe über ihre Funktionen identifizierbar sind. Diese Organe tragen im Zusammenwirken zu den Fähigkeiten eines Lebewesens bei, eine zentrale Rolle spielt dabei das Gehirn mit der Fähigkeit zur Informationsverarbeitung. Die Analyse der Fähigkeiten eines Lebewesens gelingt nur zufriedenstellend mit dem Begriff der Funktion. Da diese verschränkt sind, man denke an die Fähigkeit, sich im Raume zu orientieren und zu navigieren, gibt es analog zur Verschränkung in Quantensystemen und Überzeugungssystemen keine isolierbare Basisfunktion, sondern man muss Funktionen über die Kohärenz ihres Zusammenwirkens und Zusammenstimmens analysieren. Weber (2005) definiert Funktionen als Kohärenzfunktionen wie folgt: »X's Funktion im System S ist Φ gdw., wenn X's Fähigkeit zu Φ mit anderen Fähigkeiten kohärent ist, die zu X gehören, Teile von X sind.« Die Aufgabe der Biologie und der Psychologie ist es, die funktionelle Organisation eines Lebewesens und dessen Fähigkeiten zu untersuchen. Einer Fähigkeit wie Orientierung in Raum und Zeit kann der Status einer Funktion zugeschrieben werden, wenn dieser Fähigkeit eine Rolle in der Organisation des Lebewesens, seinen Relationen zur Umgebung, zu anderen Fähigkeiten und zum Beitrag seiner Selbsterhaltung zugewiesen werden kann. Weber folgend kann man bei dieser Definition von Funktion von der phylogenetischen Geschichte der

Funktion, ihres Beitrages zur reproduktiven Fitness des Lebewesens absehen und damit auf deren ätiologische Erklärung verzichten. Nicht nur Quantensysteme, Überzeugungs- und Sozialsysteme sind holistisch verfasst, sondern auch Funktionen sind holistische Eigenschaften komplexer Systeme von der Art Lebewesen.

Die Verschränkung sensorischer und motorischer Funktionen macht deutlich, dass eine präzise Trennung physischer und psychischer Funktionen kaum möglich ist. Handlungsschemata wie im Raum navigieren, Greifen, mit Ausdauer sich einem Ziel annähern, einen Stuhl herstellen aber auch Befindlichkeiten wie aufgeregt sein, sich fürchten, sich freuen usw. lassen sich kaum streng dichotomisierend in einen physischen Anteil und einen psychischen Anteil zerlegen. Analog dazu ist das Verständnis von Leben als interaktiver Zeichenverkehr, wie dies schon der Psychologe Karl Bühler betont hat (»Man kann rein empirisch zeigen, daß nirgendwo in der Welt eine Organisation, eine planmäßige Gestaltung von Stoffprozessen im Dienste des Lebens vorkommt ohne Zeichenverkehr«; vgl. Bühler, 1936, S. 18 f.), wobei hier ebenfalls eine Verschränkung von materiellem Zeichenträger, Muster und getragener Bedeutung zu konstatieren ist. Es gibt zwar keine immateriellen Zeichen, aber auch keine materielle Bedeutung, dieser Gedanke wird in der Psychokybernetik betont, deren basales Analyse- und Syntheseschema das Funktionsgefüge Träger – Muster – Bedeutung ist (Benesch, 1988).

Es stellt sich die Frage, ob man aktiv dafür eintreten sollte, den aristotelischen Begriff *psyche,* verstanden als dynamische Struktur psychischer Funktionen und Fähigkeiten (vgl. Busche, 2001; Miller u. Miller, 2010), der Psychologie als Grundbegriff nahezulegen. Wilkes (1992) hat recht, dass de facto in vielen naturwissenschaftlich ausgerichteten Forschungsfeldern der Psychologie diese Forschung durch den aristotelischen Grundbegriff *psyche* abgedeckt wird. Andererseits zeugt gerade der von Nussbaum und Rorty (1992) herausgegebene Sammelband davon, dass man zurückhaltend sein sollte, die aristotelische Psychologie als engen Verwandten des Psychofunktionalismus anzusehen, nicht zuletzt deswegen, weil sich dieser letztlich nicht definitiv von einem reduktiven Materialismus abgrenzen lässt. Einen solchen hat Aristoteles nicht vertreten, vielmehr kann man sogar meines Erachtens gute

Argumente entwickeln, dass die aristotelische Seelenbestimmung eine Zwischenposition zwischen Dualismus und Physikalismus ermöglicht (Liske, 2006). Nach Kläden (2005, S. 320) bezieht der Hylemorphismus[6] »eine mittlere Position zwischen Dualismus und Physikalismus«, der »überdies die Form, vergleichbar zum Funktionalismus, als das Prinzip einer charakteristischen Tätigkeit oder Funktion« auffasse. Der Funktionalismus ist in seiner repräsentationalistischen Spielart vor allem mit Kognitionen befasst, die als eine Art Software verstanden werden und damit eher an einer cartesianischen Rumpfseele oder an einer reinen Bewusstseinspsychologie orientiert.

Für den Hylemorphismus führt Kläden dagegen aus, dass »für Aristoteles und für Thomas die Seele gerade das Lebens- und Einheitsprinzip der lebendigen Körper ist. In dem der Hylemorphismus in einem bottom-up-Verfahren zunächst fragt, was das Belebte zum Belebten macht, dann, was das Prinzip der Fähigkeiten der belebten Dinge ist, und schließlich, was das Prinzip der dem Menschen vorbehaltenen kognitiven Fähigkeiten ist, vermeidet er die schon beschriebene und die aktuelle Diskussion prägende Polarität von körperlichen und geistigen Zuständen. Denn geistige Zustände werden den körperlichen nicht von vornherein gegenübergestellt, sondern als Teilklasse der Fähigkeiten eines bestimmten, nämlichen menschlichen Körpers in einer Einheit mit den anderen Fähigkeiten dieses Körpers gesehen [...]. Wichtig ist dabei, dass die Seele als Prinzip belebter Körper keine obskure zusätzliche Entität ist, sondern die natürlich zu beobachtende Art und Weise der Organisation eines Körpers, die ihn zu bestimmten Zuständen befähigt und deswegen ein Prinzip sein muss, das zu den materiellen Bestandteilen hinzukommen muss, wohlgemerkt nicht als zusätzlicher quantitativer Teil, sondern eben als Prinzip« (Kläden, 2005, S. 321 f.).

Ein wichtiger Vertreter einer neuaristotelischen Auffassung der Psychologie war Karl Bühler, der in mehreren Schriften Lebenspro-

---

6 Mit »Hylemorphismus« ist die von Aristoteles konzipierte und von Thomas von Aquin weiterentwickelte Lehre von *forma* und *materia* gemeint, die zur Explikation der Beziehung von Seele (= Form) und Körper (= materia) verwendet wurde.

zesse als semiotisch fundiert, Lebewesen als »Zeichenwesen« verstand, das vom einfach gestuften Signalaustausch im Rahmen der Signalsteuerung bis hin zum menschlichen höherstufigen Zeichenkontakt im sozialen Verkehr reicht (vgl. Bühler, 1936; 1927/1978; 1934). Benesch (1988) hat eine psychokybernetische Konzeption entwickelt, die er zwischen Leib und Seele ansiedelt und wesentlich von Aristoteles inspiriert ist.

Die Seele kann in gut aristotelischer Tradition als Organisation und Einheit von Seelenfunktionen angesehen werden. Diese Seelenfunktionen können als Informationsverarbeitung verstanden werden. Kognitive Prozesse, insbesondere Denken, basieren auf Zeichen. Zeichen benötigen zwar einen materiellen Träger, sind aber nicht mit diesem identisch, sondern können durch unterschiedliche Arten von Materie realisiert werden (multiple Realisierbarkeit der Zeichen, multiple Realisierbarkeit psychischer Prozesse). Psychische Funktionen lassen sich nicht auf körperliche Geschehnisse reduzieren, da sie informationell sind und Information sich nicht auf Materie oder Energie reduzieren lässt. »Information« ist allerdings ein in der Psychologie nicht kritisch reflektierter Grundbegriff, der eigentlich aus dem kommunikativen Wechselhandeln der Menschen stammt. Er wurde in die Kommunikationstechnik importiert, dort als Konzept für Signalwahrscheinlichkeiten für die Theorie optimaler Kodierung verwendet und dann in der Psychologie sehr schnell geradezu als Grundbegriff aufgenommen, um die »Verarbeitung« psychischer Gehalte verständlich zu machen. Letztlich wird er als Synonym zu Wissen verwendet und dient als Vehikel, das Gehirn nach dem Vorbild des Computers und technischer Signalleitungs- und Kommunikationssysteme zu verstehen. Ob der Zeichenverkehr zwischen Menschen, ob die Intentionalität als Merkmal des Psychischen mit dem Begriff »Information« expliziert werden kann, ist zu bezweifeln. Allerdings muss bedacht werden, dass die Erforschung der Organisation der psychischen Funktion am methodologischen Solipsismus angelehnt ist, gerne wird in der grundlagenforschungsorientierten Psychologie psychischer Funktionen Sprachlichkeit und Sozialität aus methodischen Gründen ausgeblendet. Methodisch ist dies nötig, aber zu oft wird darüber das Apriori der Kommunikationsverhältnisse und der ontologischen Verpflichtungen vergessen. Schon Wundt wies nachdrücklich darauf hin, dass man die höheren psychischen Prozesse eines Individuums nur über die Untersuchung der gemeinsamen geistigen Erzeugnisse der menschlichen Gemeinschaft verständlich machen kann. Das gilt besonders für die Sprache, die beim Menschen eine zentrale und dominante Stellung in der psychischen Funktionenstruktur einnimmt, Bühler konzipierte seine Sprachtheorie als einen wesentlichen und zentralen Bestandteil der Psychologie (Bühler, 1934). Der »kommunikative Text« ist ein Apriori unseres Verständnisses psychischer Funktionen.

Seele, Lebewesen, Person

Von der Unterscheidung zwischen seelischen und körperlichen Zuständen und Vorgängen darf man nicht auf Seelen und Körper als separate Objekte schließen. Die Seele ist ein Inbegriff seelischer Funktionen und Phänomene, welche nicht auf körperliche Eigenschaften reduziert werden können. Wie schon erwähnt, können psychische und physische Funktionen und Eigenschaften nicht vollständig dichotomisiert werden, vielmehr muss man von einem Holismus psychophysischer Funktionen ausgehen. Konstrukte wie »Ausdauer« oder solche aus der Stressforschung wie Belastung, Belastbarkeit, aber auch Willenskraft können nur nach den relativen Anteilen psychischer und physischer Komponenten analysiert werden, entsprechend kann man viele psychophysische Funktionen nicht additiv zerlegen, zumal sie situations- und erfahrungsabhängig intraindividuell und interindividuell variieren und dynamische Charakteristiken haben. Man denke auch an die psychischen Vorgänge, die kognitiv impenetrabel sind.

Die Seele als Inbegriff psychophysischer Funktionen ist die durch eine permeable Grenze eingeschlossene Organisationsstruktur von Lebewesen. Seele darf also nicht cartesianisch mit mentalen Prozessen gleichgesetzt werden, sondern ist aristotelisch ein Erklärungsbegriff, der die Lebendigkeit eines Lebewesens erklären soll und erklären kann. Diese Organisationsstruktur ist dynamisch, wobei darunter die kybernetisch charakterisierbaren Regelungsprinzipien der Teilsysteme des Systems Lebewesen fallen, die auch das Zusammenspiel der psychophysischen Funktionen kennzeichnen, zum Beispiel die Homöostase, das Gleichgewicht, die Bewegungskoordination unterschiedlicher Bewegungseinrichtungen, zum Beispiel diejenigen, die zur Funktion »Sprechen« gehören (Kanzian, 2009, S. 166 f.). Unter den dynamischen Aspekt der Organisationsstruktur eines Lebewesens ist vor allem die Ontogenese, die Selbsterhaltung und Selbstreproduktion zu verstehen. Diese Aspekte kann man als Sachverhaltsstruktur eines Lebewesens bezeichnen, die ein Kompositum aus Material- und Formaspekten ist. Zu den Formaspekten gehört letztlich alles, was unter die Organisation der Funktionen gehört, der Materialaspekt betrifft das *Woraus* etwas ist, der Formaspekt das *Wie* es geformt, angeordnet ist, welche Struktur es hat, wie es funktioniert.

Menschen sind besondere Lebewesen, sie sind Personen. »Personen sind Individuen, die sowohl psychologische wie physikalische Eigenschaften haben. Diese Eigenschaften haben keine unterschiedlichen Träger, Personen bestehen nicht aus zwei völlig verschiedenen Substanzen« (von Kutschera, 1994, S. 209). »Strawson (1972) kommt in seiner deskriptiven Metaphysik nach Analyse der Weise, wie wir identifizierend auf materielle Einzeldinge Bezug nehmen, zu dem Schluss, dass Person eine eigenständige Kategorie neben der Kategorie materielles Einzelding ist, da die identifizierende Bezugnahme auf einen Gedanken, zum Beispiel ob es mein Gedanke oder der Gedanke eines anderen ist, nicht in der gleichen Weise funktioniert wie bei materiellen Einzeldingen. Da die Unterscheidung »mein – dein« nicht eliminiert werden kann, können auch die Personalpronomen nicht eliminiert werden, denn ansonsten würden wir im Vollsinn des Wortes nicht mehr unsere Sprache sprechen. Eine Person ist ein Einzelding, dem sowohl mentale wie körperliche Prädikate zukommen. Die Selbstzuschreibung mentaler Prädikate kann nicht unabhängig davon erfolgen, anderen Personen identifizierend mentale Prädikate zuzuschreiben, womit der Ansatz einer prinzipiell sozialen Verfassung der Person gemacht ist. Wichtig sind folgende Feststellungen Strawsons: »Der Begriff der Person ist logisch primär gegenüber dem des individuellen Bewusstseins. Der Begriff der Person ist nicht als der Begriff eines beseelten Körpers oder einer in den Körper eingebetteten Seele zu analysieren« (Strawson, 1972, S. 133). Andererseits hält Strawson an der wichtigen Rolle des materiellen Einzeldings fest, das eine notwendige, wenn auch nicht hinreichende Bedingung für die Identifikation von Personen darstellt. Eine körperlose Person könnte andere nicht mehr identifizieren und nur in der Erinnerung an das eigene persönliche Leben existieren. Es wäre ein stellvertretendes Leben, das verblassen würde. Die Anklänge an die alte Vorstellung von der Schattenseele sind da und zeigen nochmals, wie wenig tragfähig ein solcher Begriff wäre. Mit feinstem englischen Humor bemerkt Strawson daher am Ende des Kapitels über Personen: »Unkörperliches Fortleben mag in dieser Form wohl wenig attraktiv erscheinen. Kein Zweifel, dass aus *diesem* Grund die Strenggläubigen wohlweislich an der Lehre von der körperlichen Auferstehung festhalten« (S. 149).

Es ist festzustellen, dass schon in der Gründungsphase der Psychologie der Begriff »Person« als Nachfolgebegriff zu Seele vorgeschlagen worden ist« (Mack, 2007, S. 26). Hier ist vor allem William Stern zu nennen, der Pionier auf den Gebieten der differenziellen Psychologie, der Intelligenzforschung und der Entwicklungspsychologie, hat diesen Begriff in mehreren Werken systematisch entfaltet und als Grundbegriff der Psychologie vorgeschlagen. Er meint, dass man eine substanzielle Zweiheit von Körper und Seele überwinden müsse, da so letztlich ihre Einheit nicht verständlich gemacht werden könne. Um das Seelische unterzubringen ist daher etwas gesucht, »das jenseits oder vor der Scheidung zwischen Psychischem und Physischem liegt und daher die ursprüngliche Einheit des menschlichen Individuums gewährleistet«. Das Gesuchte ist die Person, die nicht nur metaphysisch gesehen ein psychophysisch neutrales Wesen sei, sondern auch empirisch charakterisierbar durch Merkmale, die sich nicht vollständig in psychische und physische aufteilen lassen. »Die Person ist eine individuelle, eigenartige Ganzheit, welche zielstrebig wirkt, selbstbezogen und weltoffen ist, lebt und erlebt.« »Die Psychologie ist »die Wissenschaft von der erlebenden und erlebensfähigen Person« (Stern zit. nach Pongratz, 1984, S. 46 f.). Nach Pongratz (1984), Stern folgend, ist die Person jenseits des Leib-Seele-Problems angesiedelt, sie ist ein das Psychische und Physische übergreifendes Einheitsprinzip. Der Personbegriff sei auch kein bloßer Ersatzbegriff für den traditionellen Seelenbegriff, sondern vielmehr so angelegt, »dass er alle Sektoren des erweiterten Forschungsfeldes der modernen Psychologie zu umfassen vermag«; die »gültigen Merkmale der Seele« seien in ihm aufgehoben (Pongratz, 1984, S. 48). Pongratz gibt abschließend folgende Definition von »Person«:

> »Person ist die Einheit von Psychophysis und Geist, ist Subjekt der Beziehungen des Menschen zur Welt, ist tätiges Substrat (substantieller Grund) alles Erkennens und Handelns, allen Wandels, allen Werdens, ist Gestalt und Bewegung (morphologisch und dynamisch), reicht in den Erfahrungsbereich hinein und transzendiert ihn zugleich (ist anschauliche und gedachte Entität). Die Person ist der Grundbegriff der allgemeinen Psychologie. Er tritt in der modernen Psychologie an die Stelle des alten Seelenbegriffs« (Pongratz, 1984, S. 52)« (Mack, 2007, S. 27).

»Person« hat sich weder in der englischsprachigen noch in der deutschsprachigen Psychologie durchgesetzt. Er spielt vor allem in philosophischen Diskursen eine Rolle, aber nicht in der Psychologie. Vielmehr findet sich eine blühende Selbstpsychologie (vgl. Greve, 2000), in der allerdings der Begriff »Selbst« kaum einer systematischen Synopse zu »Person« und »Persönlichkeit« unterzogen wird. Mit dem Begriff »Person« wird sich in der aktuellen Psychologie nicht auseinandergesetzt. Ich bin geneigt, der radikal anmutenden Forderung des Philosophen Beckermann (2010, S. 471) beizutreten, der nach einer längeren Kritik des uneigentlichen Gebrauchs der Personalpronomen »ich« und »selbst« fordert: »Die Rede von dem Ich oder dem Selbst muss aufhören«.

»›Person‹ umfasst alle wesentlichen Aspekte des aristotelischen Seelenbegriffs. In besonderer Weise wird mit ›Person‹ eine Struktur komplexer mentaler Fähigkeiten hervorgehoben, die man als Erste-Person-Perspektive bezeichnet, die Fähigkeit, den eigenen Körper und die eigenen mentalen Zustände als einem selbst gehörend zu verstehen, sie sich selbst zuzuschreiben (Baker, 2000a). Diese Selbstzuschreibung ist auf das engste daran gebunden, diese Erste-Person-Perspektive auch anderen zuschreiben zu können, womit nach Baker (2000b) erst ein starkes Ich-Phänomen möglich ist, denn nun ist die Unterscheidung zwischen erster, zweiter und dritter Personperspektive begrifflich erfasst. Damit zeigt sich, dass die Person sozial ist, denn die Unterscheidung und Zuschreibung von Personperspektiven ist nur in der interpersonellen Interaktion möglich (vgl. Mack, 2007a). Dies gilt insbesondere für das Verstehen von Personen (Köhler, 2004). Sowohl das Verstehen von sich selber (Selbstverstehe n) als auch das Verstehen anderer Personen (Fremdverstehen) ist nicht erst dann ein Verstehen, wenn man seine Seele oder die Seele des Anderen versteht; Vergleichbares gilt für andere Nachfolgebegriffe von ›Seele‹ wie ›Subjektivität‹.

Für das Selbstverstehen gilt, dass die epistemische Vorzugsstellung des Selbstbewusstseins, das eigene Erleben im Vollzug des Denkens, die Gewissheit, dass ich jetzt denke, nicht hinreichend für das Selbstverstehen ist. Das »ich denke« muss meine Gedanken jederzeit begleiten können, so Kant, doch ein rein intransitives Denken hätte kein Objekt, keinen Bezug und würde daher stets zwischen Subjekt als Objekt und Objekt als Subjekt kurzgeschlossen bleiben, womit keinerlei Weltgehalte erreichbar wären. Das »ich denke« muss eben auch Gedanken haben, die nach Frege (1918) gerade dadurch gekennzeichnet sind, dass sie nicht nur eine einzige Person denken kann. Es ist die kausale Selbstreferenz, die einem Informationen über die Selbstwirksamkeit vermittelt. Indem man in die Welt eingreift und dort bewirkte Effekte rückwirkend erfährt, lernt man Weltbezüge, ob die Handlung ihr Ziel erreicht oder verfehlt. Diese Struktur der Erfahrung weist Besonderheiten auf, wenn sich Handlungen auf andere Personen beziehen, was humanontogenetisch primär ist. Soziale Objekte re-agieren anders als nonsoziale. Nur über die Bezugnahme auf andere, die diese in der kommunikativen Interaktion zurückspiegeln, nur über die soziale Reflexion ist es möglich, Wissen zu erwerben. Man lernt, dass Sprecherrollen von einem zum anderen wechseln und damit auch, sich selbst als Sprecher und Akteur zu verstehen, aber auch, dass andere sich als Akteure verstehen. Der Sprache kommt in den sozialen Interaktionen große Wichtigkeit zu, um Gedanken höherer Ordnung zu entwickeln, die sich sprachlich in den Personalpronomina ausdrücken und damit das räumlich-zeitliche Bezugssystem durch ein soziales erweitern, die beide ontogenetisch eng zusammenhängen (Campbell, 1994)« (Mack, 2007, S. 28 f.).

Die epistemische Vorzugsstellung des Selbstbewusstseins ist zwar nicht hinreichend für das Selbstverstehen, aber notwendig. Das Selbstbewusstsein ist auch ein notwendiges Personkriterium, das die eigene Art Lebewesen als Person begründet. Person darf nicht mit Persönlichkeit verwechselt werden. »Persönlichkeit« kennzeichnet das mehr oder weniger stabile Muster von Persönlichkeitseigenschaften über die Lebensspanne einer Person hinweg. Man kann fragen, welche Art von Persönlichkeit eine Person hat, aber nicht, welche Art von Person eine Persönlichkeit ist (Kemmerling, 2000). Traditionell sind Lebewesen eine Einheit, aber nicht einfach, obwohl sie ein Kompositum aus Form, Funktionsstruktur und Materie sind. Dennoch handelt es sich dabei um Teile, wenn auch unselbstständige. Vom Selbstbewusstsein kann aber nicht vernünftig gesagt werden, dass es Teile habe. Schon Descartes betonte, dass der Geist *(mens)* nicht geteilt werden kann im Gegensatz zum Körper. Denken und der Vollzug des Selbstbewusstseins können nicht in einem teilbaren Träger realisiert sein. Entsprechend kann man für die diachrone Identität von Personen und für das Verständnis von Person als individueller, unteilbarer, einfacher Form mit Hilfe des Arguments der Einheit des Selbstbewusstseins argumentieren (vgl. Kanzian, 2009). Der Realisierer von Gedanken und Selbstbewusstsein muss einfach sein, da sich das Fassen eines Gedankens nicht in einen teilbaren und in seiner Zusammensetzung fluktuierenden Träger zerlegen lässt. Kant hat dies in der Kritik der reinen Vernunft wie folgt formuliert:

> »Eine jede zusammengesetzte Substanz ist ein Aggregat vieler, und die Handlung eines Zusammengesetzten, oder das, was ihm, als einem solchen inhäriert, ist ein Aggregat vieler Handlungen oder Akzidentien, welcher unter der Menge der Substanzen verteilt sind. Nun ist zwar die Wirkung, die aus der Konkurrenz vieler handelnden Substanzen entspringt, möglich, wenn diese Wirkung bloß äußerlich ist [...] Allein mit Gedanken, als innerlich zu einem denkenden Wesen gehörigen Akzidentien, ist es anders beschaffen. Denn, setzt, das Zusammengesetzte dächte: so würde ein jeder Teil desselben einen Teil des Gedankens, alle aber zusammengenommen allerst den ganzen Gedanken enthalten. Nun ist dies aber widersprechend: Denn, weil die Vorstellungen, die unter verschiedenen Wesen verteilt sind (z. B. die einzelnen Wörter eines Verses) niemals einen ganzen Gedanken (einen Vers) ausmachen: so kann der Gedanke nicht einem Zusammengesetzten, als einem solchen inhärieren. Es ist also nur in einer Substanz möglich, die nicht Aggregat von vielen, mithin schlechterdings einfach ist« (Kant, 1787/1980, A 352).

Hasker (2001) formuliert das Argument der Einheit des Selbstbewusstseins vor dem Hintergrund der Überlegung, dass ein Gedanke nicht über verteilte Träger gedacht werden kann. »Ich denke« referiert auf eine einfache, nicht teilbare Einheit, nicht auf eine Vielheit von Ichkomponenten. Das bewusste Vollziehen eines Gedankens zum Beispiel in Form eines Urteils mit Anspruch auf Wahrheit, kann nicht in Bewusstseinsstücke zerlegt werden. Hasker (2001) formuliert dies so: »The point is simply that the kind of awareness we are discussing is essentially unitary, and it makes no sense to suggest that it may be ›parcelled out‹ to entities each of which does not have the awareness. A person's being aware of a complex fact cannot consist of parts of the person being aware of the fact. A conjunction of partial awareness does not add up to a total awareness.« Die Erste-Person-Perspektive kann nicht aus Komponenten zusammengesetzt werden, die keine Erste-Person-Perspektiven sind. Die Schlussfolgerung daraus liegt nahe, dass der Physikalismus nicht verteidigt werden kann. Schon Kant hat in der »Kritik der reinen Vernunft« die Zentralität der Einheitsfunktion der transzendentalen Apperzeption betont. Kant meint, dass der Schluss auf eine substanzielle Form Ich oder besser Person, nicht möglich sei, aber das liegt an seiner problematischen Unterscheidung Ding an sich und Erscheinung, die zu einem Fundamentalselbstwiderspruch der »Kritik der reinen Vernunft« führt aufgrund der zentralen Behauptung, dass man nichts ohne Erscheinung erkennen könne. Aber diese zentrale Behauptung der »Kritik der reinen Vernunft« ist selbstwidersprüchlich, da sie nicht auf Erscheinung zurückgeführt werden kann. Wenn damit doch wahre begriffliche Erkenntnis ohne Anschauung möglich ist, dann sind die Paralogismen keineswegs solche. Das Argument der Einheit des Selbstbewusstseins und der Irreduzibilität der Perspektive der ersten Person macht die Annahme einer einfachen individuellen Form Person nötig. Die Ausführungen hierzu führen aber zu weit, sie gehen über in die Metaphysik der Seele, des Geistes und der Person.

Dennoch möchte ich abschließend hervorheben, dass die philosophische Arbeitsgrundlage der Psychologie, Psychofunktionalismus und nonreduktiver Physikalismus eiserne Hölzer sind. Die kommen zwar der typischerweise theoretisch unreflektierten Arbeit der meisten Psychologinnen und Psychologen sehr entgegen, da man so bequem und schnell seinen Theorierahmen hinbekommt. Allerdings lässt sich der nonreduktive Physikalismus und der Funktionalismus nicht gegen einen reduktiven Physikalismus verteidigen. Dieser wiederum hat seinen Anspruch, mentale Eigenschaften auf physikalische zu reduzieren, nie eingelöst und bleibt bei unbegründeten Behauptungen, dass das in der Zukunft möglich sein werde. Aber vielleicht sollte man die Konsequenz daraus ziehen, die Thomas Nagel in seinem Werk »Mind and Cosmos« (2012) zieht, dass dies auf einen Defekt in der Physik und in den Naturwissenschaften hindeutet und nicht auf einen Defekt der Psychologie, insofern sie von der Realität des Psychischen ausgeht. Carl Friedrich von Weizsäcker hat das ernst genommen, vielleicht ist deswegen seine Naturphilosophie nicht rezipiert worden, weil sie nicht zu den Stereotypen der Naturwissenschaften und ihren naturalistischen Begleitphilosophien passt. Zu diesen Stereotypen passt nicht die folgende Äußerung von Weizsäckers, mit der ich schließen will:

> »Dass Materie denken könne, bleibt im mechanischen Weltbild ein leeres Postulat. Die Erklärungskraft des mechanischen Weltbildes beruhte auf der expliziten Angabe der definierenden Eigenschaften der Materie (Raumerfüllung, Undurchdringlichkeit); alles, was hieraus einsichtig herzuleiten war, war Bewegung eben so definierter Materie. In unserer Denkweise ist Materie aber nichts als die Möglichkeit der empirischen Entscheidung von Alternativen. Hier ist ein sie entscheidendes Subjekt vorausgesetzt. Wenn dieses Subjekt sich selbst kennen kann und diese Kenntnis in empirisch entscheidbaren Alternativen aussprechen kann, so muß man annehmen, daß es selbst Teil der Welt ist, die der Inbegriff solcher Alternativen ist. […] Die Gleichartigkeit der Uralternativen besagt dann, dass alle Substanz im Prinzip von der Natur des sich wissenden Wissens ist. Es wird Sache der ›Kybernetik der Wahrheit‹, darzustellen, in welcher Weise dieses ›virtuelle Wissen‹ aktuelles Wissen werden kann. Diese Aufgabe ist freilich unermesslich« (von Weizsäcker, 1982, S. 365 f.).

Thomas Gil

Die Philosophie des Geistes braucht keine substanzielle Seele

Mit dem Begriff der Seele bezieht man sich auf eine Reihe von geistigen Vermögen und Fähigkeiten, die für menschliche Lebewesen charakteristisch sind. Als Wesen, die eine Seele haben, so die gängige Redeweise, sind Menschen in der Lage: bewusst zu leben, Dinge zu erleben, Objekte und Ereignisse in ihrer Umwelt wahrzunehmen, sinnliche Reize zu empfinden, sich an Vergangenes zu erinnern, zu wünschen und zu wollen sowie komplexe Denkoperationen zu vollziehen, das heißt sich durch die Verwendung von Begriffen auf Gegenstände, Aspekte und Merkmale der Welt zu beziehen, durch die Bildung von Aussagen oder propositionalen Sätzen Unterschiedliches zu behaupten sowie durch inferenzielle Schlüsse aus bereits verarbeiteten Informationen weitere Informationen abzuleiten. Dies alles können Menschen, weil sie (traditionell ausgedrückt) eine Seele haben bzw. Geist und Materie sind. Allerdings war es immer schwierig, sich konkret vorzustellen, was es heißt, eine Seele zu haben, beseelt zu sein und das Leben eines geistigen Wesens zu führen. Viele irrige Vorstellungen wurden im Laufe der Geschichte über die Seele entwickelt, die für Konfusion gesorgt haben.

In meinem Beitrag möchte ich jeglichen Dualismus vermeiden und werde von psychischen, mentalen oder geistigen Funktionen und Kompetenzen konsequent sprechen, welche Menschen als die biologischen Organismen, die sie sind, vollziehen und ausüben können.

Um diverse Funktionen und Fähigkeiten der menschlichen Seele soll es im Folgenden gehen. Mittels solcher Funktionen und Fähigkeiten stehen Menschen in unmittelbarem Kontakt mit der externen Welt und mit ihren Mitmenschen. Über die psychischen, mentalen oder geistigen Funktionen und Vermögen von Menschen nachzudenken, heißt es deswegen: ihr Verhältnis zur externen Wirklichkeit, zu den anderen Menschen und schließlich zu sich selbst zu erforschen.

Der Titel dieses Bandes »Funktionen der Seele« kann in dem Sinne missverstanden werden, dass man unterstellt, dass es so etwas wie eine substanzielle Seele, ein mentales geistiges Substrat gibt, das unabhängig von den unterschiedlichen, hier thematisierten Funktionen und Fähigkeiten besteht. Eine solche verdinglichende, substanzialisierende Vorstellung wäre aber ganz irreleitend. Die »Seele«, von der man in der Tradition gesprochen hat, ist (und dies ist meine feste Überzeugung, von der ich im Folgenden ausgehen möchte!) im Sinne eines »colligation concept« (William Whewell) aufzufassen, das heißt im Sinne eines Verschiedenes und Heterogenes verknüpfenden Begriffs, der sich auf einzelne mentale, geistige und psychische Funktionen bezieht. Die sogenannte »Seele« ist nach meiner Auffassung nichts anderes als eine Gesamtheit von psychischen Funktionen und Kompetenzen. Auf die schwierige Frage, wessen Funktionen die sogenannten »Funktionen der Seele« sind, kann eine vernünftige Antwort nur lauten: die Funktionen der lebendigen Organismen, die die einzelnen Menschen sind. Die Funktionen der Seele sind Fähigkeiten, Kompetenzen, Vermögen, die Menschen als die geistigen Wesen, die sie sind, haben. Wie dies präzise zu verstehen ist, versuche ich in Anlehnung an den griechischen Philosophen Aristoteles und an den für die Entwicklung der analytischen Philosophie so wichtigen Philosophen Ludwig Wittgenstein im ersten Abschnitt meines Beitrags zu erklären. Die weiteren Abschnitte bzw. Teile meines Beitrags sind einzelnen Funktionen der Seele gewidmet: der perzeptiven Funktion des Wahrnehmens, der Erinnerungskompetenz, den Gefühlen und Erlebnissen, der Fähigkeit des Wollens und Wünschens sowie dem sogenannten Denkvermögen.

Nicht die materielle, physische oder physiologische Realisierung der einzelnen hier erörterten Funktionen der Seele steht dementsprechend im Zentrum meines Beitrags, sondern die sprachanalytische und begriffsexplikative Erfassung der Funktionen, Fähigkeiten und Vermögen selbst. Deren physische Realisierung bleibt Gegenstand neurophysiologischer Abhandlungen und Untersuchungen. Meine methodologische Entscheidung besteht in der wohlbegründeten Annahme, dass eine Analyse von Sätzen, das heißt von Wahrnehmungssätzen, von Erinnerungssätzen, von Gefühls- und Erlebnissätzen, von Wollens- und Wunschsätzen sowie von propositionalen Aussagesätzen, helfen kann, die gesuchte Klärung über die verschiedenen Funktionen und Vermögen der menschlichen Seele zu erreichen.

Eine Einsicht bzw. eine These steht im Zentrum meines Beitrags: Die Erforschung der einzelnen Funktionen der Seele führt uns nicht in ein Inneres, in uns selbst, sondern nach Außen, in die externe Realität. Wir müssen nicht in uns hineinschauen (in der Tradition verwendete man hierfür den Begriff der »Introspektion«!), um zu erfahren, was es genau heißt, geistige Wesen oder beseelte Wesen zu sein, sondern nach außen in die externe Welt schauen. Denn ein »Lebewesen mit Seele« zu sein, bedeutet, zur Außenwelt, zu anderen Mitmenschen und zu sich selbst in bestimmten, genau zu qualifizierenden Verhältnissen zu stehen.

Funktionen der »Seele«

Aristoteles gebraucht in seiner psychologischen Hauptschrift »Über die Seele« den Begriff der »Seelenfunktion«. Damit bezieht er sich auf die Operationen oder Tätigkeiten der Seele. Der Begriff ist wichtig. Er macht eine nichtdinghafte Konzeption des Geistigen, Mentalen oder Psychischen möglich, indem er jeglichen problematischen Dualismus von Seelischem und Körperlichem vermeidet. Die aristotelische Begriffsstrategie kontrastiert stark mit der dualistischen Vorgehensweise Descartes' und vieler anderer Philosophen, die von einer Dualität von Substanzen (geistigen und materiellen Substanzen) ausgegangen sind.

Die Schrift »Über die Seele« umfasst drei Bücher und liegt uns in einer erweiterten Fassung vor, so dass es sinnvoll ist, mit Ingemar Düring (1966) von zwei Schichten der Schrift zu sprechen. Aristoteles scheint mit einer ursprünglichen Fassung nicht ganz zufrieden gewesen zu sein. In dieser ursprünglichen Fassung hatte er nämlich darauf verzichtet, eine allgemeine Definition der Seele zu geben. Er führte dann eine Reihe von Zusätzen ein, die den relativ klaren Duktus der Argumentation unterbrechen und allgemeine Bestimmungen über das Wesen der Seele enthalten, so beispielsweise, wenn er von der Seele als »Prinzip der Bewegung«, »Ursache des Seins« und »Endzweck« redet. Solche allgemeinen philosophischen Zusätze, die das Ziel haben, die Seele als Gesamtphänomen begrifflich zu bestimmen, kommen als ergänzender Zusatz zu einer überwiegend biologischen Analyse verschiedener Seelenfunktionen und Kompetenzen hinzu. Sie sind aber keine inhaltliche Revision der ursprünglichen Fassung. Vielmehr stellen sie den Versuch einer Einordnung der Seelenlehre in die Gesamtphilosophie des Autors dar.

Das hier primär Interessierende findet man schon in der ersten Fassung vor. Im Allgemeinen kann man behaupten, dass die Schrift »Über die Seele« zwischen biologischen und philosophischen Gesichtspunkten pendelt. Die Gliederung der Schrift ist folgende: Im ersten Buch unternimmt Aristoteles den Versuch, den Bereich der Psychologie oder Seelenlehre abzugrenzen. Was seine Vorgänger gedacht haben, wird rezipiert und kritisch kommentiert. Im zweiten Buch steht die Seele als biologisches Phänomen im Zentrum der einzelnen Erörterungen. Das Buch behandelt die vegetativen Funktionen (Nahrungsaufnahme und Bewegung) sowie Wirken und Leistungen der fünf Sinne. Im dritten und letzten Buch geht es um das Denken als Vermögen der Seele und um den Willen (das Begehrungsvermögen). Im dritten Buch findet man ebenfalls diverse nachträgliche Bemerkungen bzw. Angaben zur Nahrungsaufnahme und zur Wahrnehmung.

Die Schrift »Über die Seele« des Aristoteles ist revolutionär. Sie ist nämlich eine Abhandlung, in der verschiedene psychophysische Vorgänge »biologisch« untersucht werden, wodurch die eigenständige Disziplin der Psychologie qua »Seelenlehre« möglich wird. Neu und revolutionär insbesondere ist der von Aristoteles eingeführte und verwendete Begriff der Seelenfunktion (»dynámeis psychēs«). Mittels dieses Begriffs kann Aristoteles den Begriff der »Seelenteile« überwinden, der in der Seelenlehre Platons so wichtig und maßgebend gewesen ist. Aristoteles klassifiziert systematisch und analysiert verschiedene Funktionen und Vermögen der Seele.

»Seele« wird dabei als »Prinzip des Lebens« gedacht. Im zweiten Buch heißt es nämlich: »Für den Augenblick sei nur so viel gesagt, dass die Seele das Prinzip (›archē‹) der genannten Vermögen ist und durch sie bestimmt wird, nämlich durch das Nährvermögen, das Wahrnehmungsvermögen, das Denkvermögen und die Ortsbewegung« (Aristoteles, 2011, 413 b 10).

Funktionen, Fähigkeiten, Kräfte oder Vermögen der Seele sind für Aristoteles die vegetativen Funktionen der Atmung, des Pulsschlags, der Verdauung, des Wachstums und der Abnahme, weiter die Bewegung und der Stillstand am Ort, die Wahrnehmung und das Denken, schließlich das Streben und die Begierde. Aristoteles bestimmt begrifflich im Sinne einer eindeutigen Definition die Seele als »eidos toū sōmatos« (»Form des Körpers«). Zugleich ist er der Meinung, dass es müßig ist zu fragen, was die Seele ganz allgemein ist. Was wirklich relevant ist, was Aristoteles eigentlich interessiert, ist zu wissen, was hinter dem Allgemeinbegriff der Seele tatsächlich steht, also die Frage, welche konkreten Funktionen und Fähigkeiten sie ermöglicht, mit denen sie dann gleichzusetzen ist. Bei der Erforschung dieser einzelnen Funktionen wird man konstatieren müssen, dass es unterschiedliche Typen von Seele (d. h. Funktionen und Fähigkeiten) gibt: »Ferner finden sich bei einigen Tieren alle diese Vermögen, bei anderen nur einige davon, bei wieder anderen nur ein einziges (eben das macht den Unterschied zwischen den Tieren aus)« (Aristoteles, 2011, 413 b 32). Und ein wenig weiter heißt es: »Die genannten Fähigkeiten der Seele sind […] bei einigen Lebewesen alle vorhanden, bei anderen einige, bei wieder anderen nur eines. Als Fähigkeiten nannten wir die der Ernährung, der Wahrnehmung, des Strebens, der Ortsbewegung und des Denkens. Bei den Pflanzen gibt es nur die Fähigkeit der Ernährung, bei anderen Lebewesen neben dieser auch noch die Fähigkeit der Sinneswahrnehmung. Wenn letztere vorhanden ist, dann auch die Strebefähigkeit […] Einige Lebewesen haben dazu auch das Vermögen, sich im Raum zu bewegen, andere noch das Vermögen des Denkens und den Geist, wie der Mensch und wenn es sonst noch ein ähnliches oder erhabeneres Wesen gibt.« Nicht also die allgemeine begriffliche Bestimmung oder Definition, die immer etwas Nachträgliches sein wird, ist demnach das Wichtigste für Aristoteles, sondern die konkrete deskriptive Erfassung der einzelnen Funktionen, Fähigkeiten und Vermögen, die je nach Art des zu behandelnden Lebewesens andere sein werden.

Seinen philosophischen Vorgängern hält Aristoteles entgegen, dass sie im Fall der menschlichen Lebewesen die Seele mit dem Körper verbinden, ohne Genaues und Stimmiges über die Art der Koexistenz oder Gemeinschaft von Körper und Seele sagen zu können. Die Kritik, die Aristoteles an den Denkern vor ihm formuliert, kommt einer Kritik dualistischer Positionen gleich, welche Seele und Körper als getrennte Entitäten oder Substanzen denken, die in irgendeiner Verbindung zueinander stehen. Dabei wird die Verbindung im Sinne eines Parallelismus oder instrumentell (der Körper als Werkzeug, als Mittel der Seele) interpretiert. In beiden Fällen habe man es nach der Auffassung des Aristoteles mit einer ganz unangemessenen Konzeption der beseelten Lebewesen zu tun, die auf gar keinen Fall im Sinne von Aggregaten von Teilen oder Komponenten aufzufassen sind. Irrig und falsch findet Aristoteles auch die Position der Monisten, die das Vorhandensein einer Seele leugnen oder sie als dünnere Materie deuten. Die »Seele« ist für Aristoteles ein formgebendes Prinzip, die Form eines lebendigen Körpers, allein begrifflich trennbar von diesem Körper und nie eine getrennte Entität, Substanz oder Gestalt. Die Seele ist die »erste Erfüllung« (»entelécheia«) eines natürlichen, mit Organen ausgestatteten Körpers. Sie existiert und besteht als Verwirklichung des Körpers. Als »Erste Erfüllung« (»prōté entelécheia«) des Körpers wird die Seele bezeichnet, weil sie die Verwirklichung der im Körper gegebenen Möglichkeiten als »bloßes Haben« ist. Wolfgang Welsch kann dementsprechend zu Recht formulieren: »Der Unterschied von Körper und Seele ist modaltheoretisch, nicht ontisch zu fassen. ›Körper‹ steht für das Möglichkeits-, ›Seele‹ für das Wirklichkeitsmoment in der Verfassung des Lebewesens« (Welsch, 2012, S. 185). »Körper« und »Seele« gibt es nicht als solche, also unabhängig voneinander. Für Aristoteles sind sie lediglich begriffsanalytische Größen, die erklären, was Lebewesen ausmacht. »Körper« bezeichnet den materiellen Aspekt des jeweiligen Lebewesens, die »Seele« hingegen den Aspekt seines Lebendigseins. »Körper« ist das Möglichkeitsmoment (»dýnamis«), während die »Seele« das Erfüllungsmoment (»entelécheia«) eines lebendigen, eines lebenden Körpers ist. Körper und Seele sind mit anderen Worten begriffliche Explikationsmomente, die die Beschaffenheit und Dynamik eines Lebewesens erklären. Sie sind keine getrennten oder trennbaren Bauteile, Elemente oder Komponenten von Lebewesen. Die Seele ist kein selbständig Seiendes, sondern ein »Seinsmoment« an einem Seienden: das Wirklich- und Lebendigsein eines bestimmten, konkreten Lebewesens. Die einschlägigen Stellen zur begrifflichen Bestimmung bzw. Definition der Seele findet man am Anfang des zweiten Buches der aristotelischen Schrift. Sie münden in folgende allgemeine begriffliche Festlegung, die nur in Verbindung mit der Untersuchung der einzelnen Funktionen und Fähigkeiten einen Sinn ergibt: »Es muss also die Seele Substanz (»ousía«) sein im Sinne von Form eines natürlichen Körpers (»eidos sōmatos«), der der Möglichkeit nach Leben besitzt. Die Substanz aber ist die vollendete Wirklichkeit (»entelécheia«), also die vollendete Wirklichkeit eines so beschaffenen Körpers [...] Deshalb ist die Seele die erste vollendete Wirklichkeit (»prōté entelécheia«) eines natürlichen Körpers, welcher der Möglichkeit nach Leben besitzt« (Aristoteles, 2011, 412 a 20–29).

Die Auseinandersetzung mit seinen Vorgängern, die ja so kennzeichnend für Aristoteles ist, dient dazu, die zu erörternden Fragen und Problemstellungen besser herauszuarbeiten. Am Ende der Auseinandersetzung steht als Resultat fest, dass Nichtbeseeltes unbewegt und nicht in der Lage ist wahrzunehmen bzw. dass Beseeltes durch Bewegung und Wahrnehmung wesentlich gekennzeichnet ist. Außerdem steht auch fest, dass es diverse Funktionen gibt, die von beseelten Lebewesen (von Seelenwesen) als Vermögen oder Kompetenzen ausgeübt werden können: Ortsbewegung, Wachstum, Reife, Schwinden, Wahrnehmen, Erkennen, Meinen, Begehren und Wollen. Durch eine deskriptive Beobachtung der einzelnen Lebewesen, ihrer Bewegungen sowie ihrer Verhaltensweisen können wir die Funktionen ihrer jeweiligen Seele, das heißt genau: die psychischen Funktionen, die sie in der Lage sind zu vollziehen, ja ihr konkretes Lebendig- und Wirklichsein erfassen. Nur die für Menschen charakteristische Denkfunktion scheint das Körperliche und Materielle zu transzendieren. Allerdings, und dies muss gegen alle einseitig geistigen Deutungen festgehalten werden, ist diese Seelenfunktion immer die Funktion eines konkreten lebendigen Organismus.

Auch der österreichische Philosoph Ludwig Wittgenstein macht sich für eine funktionalistische, handlungsbezogene Konzeption der menschlichen Seele und ihrer diversen Wirkungsformen stark. In den sogenannten »Bemerkungen über die Philosophie der Psychologie« (Werkausgabe Bd. 7, 1984) beabsichtigt er, die bestehende Verwirrung in der Psychologie respektive Seelenlehre dadurch zu eliminieren, dass er die psychologische Terminologie (d.h. das Vokabular, das wir gebrauchen, um psychische oder mentale Zustände und Ereignisse zu bezeichnen) mit der Intention kritisch sichtet, verführerische Fehlvorstellungen ausfindig zu machen und aufzulösen. Zu solchen Fehlvorstellungen und falschen Auffassungen werden wir nach der Meinung Wittgensteins durch »die Grammatik« der alltagspsychologischen Begriffe geführt, die (indem man von ihren konkreten Verwendungskontexten absieht) als Designatoren von inneren Entitäten, Zuständen oder Phänomenen missverstanden werden. Wittgensteins kritische Überlegungen stehen in einem nicht übersehbaren engen Zusammenhang mit seinen sprachkritischen und mathematiktheoretischen Reflexionen, geht es in diesen drei verschiedenen Themenbereichen (in der Sprachphilosophie, der Mathematikphilosophie und der Psychologie) um das gleiche grammatikgeleitete nichtangemessene irrige Denken sowie dessen Kritik.

Ludwig Wittgenstein will in sogenannten »übersichtlichen Darstellungen« auf »explikative Weise« »zeigen«, welche vernünftige Bedeutung unsere alltagspsychologischen Termini nur haben können. Die Bedeutung der alltagspsychologischen Begriffe bestimmt Wittgenstein konsequent funktional, das heißt von den Sätzen her, in denen sie handlungsbezogen gebraucht werden. Für Wittgenstein referieren die alltagspsychologischen Begriffe nicht auf interne Vorgänge und Zustände in den sprechenden Subjekten, sondern sind Elemente von sprachlichen Äußerungen, die letztendlich nichts anderes als Praxisformen (im Rahmen einer bestimmten Lebensform) sind. In verschiedenen Sätzen werden die einzelnen Begriffe mit einer bestimmten Funktion regelkonform verwendet und nur von diesen Sätzen sowie deren konkreten Äußerungszusammenhängen her kann nach Wittgensteins Auffassung die Bedeutung der einzelnen Begriffe bestimmt werden. Wittgenstein externalisiert somit die psychologische Terminologie, indem er sie als ein wichtiges Element in unserer Lebenspraxis denkt. In zweierlei Hinsicht ist Wittgensteins Ansatz produktiv bzw. innovativ. Erstens denkt Wittgenstein das Seelische, Mentale oder Psychische, also die geistigen Zustände der einzelnen Individuen, als Phänomen, das nicht primär innerhalb des menschlichen Organismus geschieht. Zweitens wird das Seelische, Mentale oder Psychische in größere soziale und kulturelle Zusammenhänge bzw. Prozesse eingebettet.

Wittgensteins nichtatomistische, externalistische Sehweise der einzelnen Funktionen der Seele bietet einen begrifflichen Rahmen an, innerhalb dessen das, was ich im Folgenden zu diesen Funktionen ausführen werde, zu verstehen ist. Psychische Funktionen, die Funktionen der Seele also, sind immer holistisch zu sehen: als die Funktionen von individuellen geistigen Lebewesen, die in Interaktion mit anderen beseelten Individuen und stets weltbezogen wahrnehmen, fühlen, erleben, wollen, denken und handeln. Durch solche immer schon sozial vermittelten Seelenfunktionen stehen die menschlichen beseelten Individuen in Kontakt mit der externen Wirklichkeit, die auf die Weise eine für sie wahrnehmbare und bearbeitbare Wirklichkeit respektive Welt wird. Der psychische Bezug zur Welt liegt allen Praktiken und Techniken des Produzierens und Handelns zugrunde. Man kann sagen, dass das Psychische bzw. Mentale immer mit dabei ist, wenn Menschen weltbezogen Dinge tun. Die verschiedenen Techniken, die die Menschen im Laufe der Geschichte entwickelt haben, auch die sogenannten Sprachtechniken, die Wittgenstein in seiner Philosophie der »Sprachspiele« und des »regelgeleiteten« Sprechens phänomenologisch untersucht, sind ohne das Mentale, Geistige oder Psychische, das heißt ohne die Seelenfunktionen menschlicher Individuen, nicht möglich. So betrachtet, sind Seelenfunktionen mehr als interne Bewusstseinszustände, die nur mittels der sogenannten Introspektion zugänglich wären. Ohne die kollektive, soziale, gemeinsame Praxis einer geteilten »Lebensform« kann man sie nicht verstehen, weder in ihrem Entstehen und Werden noch in ihren verschiedenen konkreten Funktionsformen. Nur als Momente oder Elemente einer solchen kollektiven »Lebensform« sind sie auch sinnvoll und nur in einer solchen Lebensform erhalten sie ihre genaue Bedeutung.

Bei der kritischen Erörterung unserer mentalen Zustände, und hierauf hat Wittgenstein immer wieder mit Nachdruck hingewiesen, machen wir häufig den Fehler, innere Entitäten oder Wesenheiten anzunehmen, auf die unsere psychologischen Termini referieren würden, wie wenn es in uns selbst etwas Dinghaftes gäbe, das unsere Termini im Sinne einer starren Designation bezeichnen würden. Unsere psychologische Terminologie funktioniert aber keineswegs entsprechend der Grammatik von Eigennamen und des von ihnen starr Bezeichneten. Nach Wittgenstein kommt es bei der psychologischen Begrifflichkeit auf deren Verwendung in bestimmten Lebenssituationen an. Diese Verwendung ist der hermeneutische Schlüssel zu deren Bedeutung. Und eine solche Verwendung ist immer eine kollektive, »öffentliche« Verwendung in vielfältigen »Sprachspielen«, die von den kompetenten Sprechern natürlicher Sprachen regelkonform bzw. »regelgeleitet« gespielt werden. Nicht um ein angeblich privates individuelles Bewusstsein geht es dabei, sondern um eine gemeinsam geteilte Praxis der Verwendung sprachlicher Zeichen. Betrachtete man die verschiedenen psychologischen Termini außerhalb einer solchen handlungs- und weltbezogenen Verwendung, so kämen Paradoxien zustande. Im Text »Bemerkungen über die Philosophie der Psychologie« heißt es (Wittgenstein, 1984, S. 21): »Was uns interessiert ist: Wie wird das Wort […] in einem Sprachspiel verwendet. Denn paradox ist der Satz nur, wenn wir von seiner Verwendung absehen« (65). Im Folgenden (S. 182) ganz eindeutig dann auch als Aufforderung formuliert: »Laß dich die Bedeutung durch den Gebrauch LEHREN« (1013).

Auf eine systematische detaillierte Klassifikation einzelner Seelenfunktionen kann es sicher nicht ankommen. In Anlehnung an Bertrand Russells »Die Analyse des Geistes« (2000), aber zum Teil von Russell stark divergierend habe ich in einer früheren Studie »Mind Functions« (Gil, 2012) verschiedene mentale Funktionen begrifflich zu erläutern versucht. Thematisiert wurden dabei unter anderem Absichten, Wünsche, Handlungen, Gefühle, Wahrnehmungen, Erinnerungen, personale Identitätsbildungsprozesse, Vorstellungen, Denkprozesse und einzelne Operationen des Verstehens: eine Gesamtheit von Zuständen, Vollzügen und Widerfahrnissen, die nur beseelte, geistige Lebewesen in der Lage sind, entweder aktiv zu vollziehen oder einfach zu erleben. Solche mentalen Zustände und Handlungen setzen einen bestimmten Grad von intentionaler Bewusstheit voraus, die faktisch darin besteht, dass man auf etwas bezogen bleibt und dabei erlebt, dass ein solcher Bezug der Fall ist. Im Folgenden soll es um eine sprachanalytisch angeleitete Erörterung einiger mentaler Funktionen gehen, die im Leben der menschlichen Lebewesen von fundamentaler Bedeutung sind. Von den mentalen, psychischen Funktionen und Tätigkeiten des Wahrnehmens, Erinnerns, Fühlens, Erlebens, Wollens und Denkens wird nun die Rede sein.

Die Funktion des Wahrnehmens

Um das allgemeine Phänomen der Wahrnehmung zu behandeln, konzentriere ich mich auf die »visuelle« Wahrnehmung, auf das »Sehen«. Alles, was für das Sehen, das visuelle Wahrnehmen, gilt, lässt sich ebenfalls von den anderen Formen des Wahrnehmens sagen. Deswegen kommt dem Sehen, der visuellen Perzeption, in Bezug auf das Wahrnehmungsphänomen eine paradigmatische Rolle zu. Eine Klärung der visuellen Wahrnehmung stellt dementsprechend eine Klärung des Wahrnehmungsproblems dar.

Das Verb »Sehen« kommt in verschiedenen sprachlichen Konstruktionen vor. Eine präzise Analyse dieser Konstruktionen, so die hier gemachte sprachanalytische methodologische Annahme, erweist sich als ein fruchtbares und unverzichtbares Mittel zur Klärung von Beschaffenheit und Funktionsweisen visueller Perzeptionen. In Objektkonstruktionen, in propositionalen Konstruktionen, in Als-ob-Konstruktionen, in Konstruktionen mit einem »accusativus cum infinitivo« (abgekürzt: AcI-Konstruktionen) sowie in phänomenalen Konstruktionen kommt das Verb »sehen« vor (Siebel, 2000, S. 17 f.).

Bei den Objektkonstruktionen wie beispielsweise »Karl sieht den Stuhl« können nach dem Verb unterschiedliche Akkusativobjekte vorkommen, die für einzelne Dinge oder Ereignisse stehen können. Für die einzelnen Dinge oder Objekte stehen singuläre Terme, die Namen, Kennzeichnungen oder Indikationen sein können. Man kann zum Beispiel »Johannes« oder »Peters besten Freund«, oder »ihn« respektive »diesen Menschen« sehen. Neben mittels singulärer Terme bezeichneten Einzeldingen und Objekten kann man auch Ereignisse sehen, so beispielsweise ein Fußballspiel oder eine Theatervorführung. In so einem Fall ist der Gegenstand des Sehens nicht etwas, das irgendwann irgendwo steht oder sich befindet, sondern etwas, das irgendwann und irgendwo stattfindet oder sich ereignet.

Die propositionalen Konstruktionen haben die logische Form »A sieht, dass p«. An der Stelle von »p« steht dann eine Proposition oder eine Aussage. Die Proposition kann etwas über bestimmte Einzeldinge oder Ereignisse aussagen: »Karl sieht, dass der Stuhl eine bestimmte Gestalt hat« oder »Karl sieht, dass das Fußballspiel gerade zu Ende geht«. Die Proposition kann die Form einer Allgemein- oder einer Existenzaussage haben, wie in »Karl sieht, dass alle Stühle aus Holz sind« oder »Karl sieht, dass es einen Stuhl gibt, der aus Holz ist«. Auf das Sehen, das mittels Sätze der Form »x sieht, dass p«, also mittels sogenannter Aussagesätze, sprachlich ausgedrückt wird, bezieht man sich mit dem Begriff des »propositionalen Sehens«.

»Als-ob-Konstruktionen« haben die sprachliche Form »Es sieht für x so aus, als ob p«.

Konstruktionen mit einem »accusativus cum infinitivo« wie »A sieht x (oder E) ϕ-en« (wobei »ϕ-en« für ein Ereignisverb steht, »x« für ein Objekt und »E« für ein Ereignis) können in andere Konstruktionen (Objekt- oder propositionale Konstruktionen) verwandelt werden. Es ist aber sinnvoll, sie gesondert aufzuführen.

Zum Schluss gibt es noch die sogenannten »phänomenalen Konstruktionen«, mittels derer gesagt wird, dass etwas für jemanden so oder so aussieht, wobei dieses Etwas ein Ding oder ein Ereignis sein kann. Denn auch Ereignisse können auf eine bestimmte Weise erscheinen oder sich darstellen, so beispielsweise wenn man sagt, dass zu einem bestimmten Zeitpunkt in der zweiten Halbzeit das Fußballspiel für eine Mannschaft »verloren zu sein schien«.

Immer wenn jemand etwas sieht, sieht dieses Etwas für die sehende Person auf eine bestimmte Weise aus, so dass »x sehen« immer heißt, dass »x« auf eine bestimmte Weise aussieht, erscheint oder sich darstellt, und zwar für eine sehende Person. Es kann aber der Fall sein, dass die sehende Person etwas sieht, zum Beispiel einen Baum, ohne dass der gesehene Gegenstand, in diesem Fall der Baum, als ein solcher ihr erscheint, so dass, wenn sie gefragt würde, ob sie den Baum gesehen hat, sie diese Frage verneinen würde. Das heißt aber keineswegs, dass sie den Baum nicht gesehen hat, sondern nur, dass der Baum sich ihr nicht als Baum zu erkennen gegeben hat.

Im Allgemeinen gilt die These: Jemand sieht etwas genau dann, wenn dieses für ihn oder sie irgendwie aussieht. Dies impliziert, dass, wenn eine Zuschreibung der Form »A sieht x« wahr ist, es dann immer mindestens eine entsprechende Zuschreibung der Form »x sieht für A F aus« geben muss.

Eine relevante Unterscheidung ist die Unterscheidung zwischen »primärem« und »sekundärem« Sehen. Wer primär sieht, dass x F ist, der sieht aufgrund einer visuellen Erscheinung von x, dass es F ist. Wer sekundär sieht, dass x F ist, der sieht aufgrund der visuellen Erscheinung eines anderen Gegenstandes, dass x F ist. Er braucht nicht unbedingt x selbst zu sehen. Er kann nämlich sehen, dass x F ist, ohne x zu sehen. Dies gilt auch für Ereignisse. Man kann zum Beispiel sehen, dass ein Basketballspiel zu Ende geht, ohne das Basketballspiel selbst gesehen zu haben. Denn aus »A sieht, dass E F ist« folgt keineswegs, dass »A E sieht«.

Eine weitere wichtige Unterscheidung wird häufig vernachlässigt. Man kann nämlich x etwas tun sehen, ohne zu sehen, dass x etwas tut (formal ausgedrückt: »A sieht x ϕ-en« ≠ »A sieht, dass x ϕ-t«). So kann man beispielsweise sehen, dass man selbst beim Betreten der Küche den Boden schmutzig gemacht hat, ohne sich den Boden schmutzig machen zu sehen. Und das geht, weil die Sätze »A sieht x ϕ-en« und »A sieht, dass x ϕ-t« logisch unabhängig voneinander sind und dementsprechend auch andere Wahrheitswerte haben.

Propositionale Wahrnehmungen haben immer einen begrifflichen Charakter. Sie setzen mit anderen Worten begriffliches Wissen voraus. Wenn man weiß, was eine Waschmaschine ist, das heißt, wenn man über den Begriff der Waschmaschine verfügt, kann man sehen, dass jemand die Waschmaschine bedient. Der Gehalt einer propositionalen Wahrnehmung (»sehen, dass p«) ist immer ein begrifflicher Gehalt, eine begriffliche Repräsentation.

Die Gehalte propositionaler Wahrnehmungen sind anders als die Gehalte von Ding-Wahrnehmungen immer begrifflicher Natur. Wenn jemand sieht, dass p, dann besitzt die sehende Person die Begriffe, die nötig sind, um den Gedanken zu erfassen, dass p.

Anders stellt sich die Lage bei den sogenannten Ding-Wahrnehmungen dar. Bestimmte Ding-Wahrnehmungen haben einen begrifflichen Charakter, andere Ding-Wahrnehmungen hingegen nicht. Wollte man den Gehalt einer Ding-Wahrnehmung bestimmen, so müsste man sagen können, wie der wahrgenommene Gegenstand für die wahrnehmende Person aussieht. Man kann nicht streng genommen eine Fliegeruhr sehen, ohne über den Begriff einer Fliegeruhr zu verfügen. Verfügt man nicht über einen solchen Begriff, dann sieht man bloß ein Ding, ein Objekt, aber keine Fliegeruhr.

Das Verfügen über Begriffe, das sowohl die propositionalen Wahrnehmungen als auch die begrifflichen Ding-Wahrnehmungen notwendigerweise voraussetzen, ist nicht deduktiv oder epistemisch geschlossen. Auch wenn daraus, dass etwas F ist, logisch folgt, dass es G ist, kann es vorkommen, dass jemand über den Begriff eines F verfügt, ohne über den Begriff eines G zu verfügen, so dass beispielsweise jemand ein Dreieck sehen kann, ohne ein Ding mit einer Winkelsumme von 180 Grad zu sehen. Denn man kann über den Begriff eines Dreiecks verfügen, ohne eine Ahnung zu haben, wie groß die Winkelsumme von Dreiecken ist, oder ohne zu wissen, was eine mathematische Summe ist.

Dies erklärt, warum kleine Kinder oder Tiere bestimmte Dinge nicht sehen respektive (bestimmte) propositionale Wahrnehmungen nicht haben können. Mit dem künstlichen Begriff der »Quasibegriffe« hat man dann versucht, einige schwierige Grenzfälle zu meistern. Verhaltensexperimentell lässt sich herausfinden, welche relevanten Unterscheidungen ein bestimmtes Lebewesen vollziehen kann, das heißt über welche »Quasibegriffe« es faktisch verfügt. Allgemein lässt sich behaupten, dass gewisse begriffliche Wahrnehmungen einigen Lebewesen nicht zugänglich sind, auch wenn sie die jeweiligen Gegenstände und Ereignisse wahrzunehmen vermögen. So kann zum Beispiel ein kleines Kind einen bestimmten Ball sehen, visuell wahrnehmen, ohne streng gesprochen einen runden blauen Ball zu sehen, weil das sehende Kind über die Begriffe

»rund« und »blau« noch nicht verfügt. Das kleine Kind oder ein Baby macht genauso wie der Erwachsene, der über bestimmte Begriffe bereits verfügt, Ballerfahrungen. Der Erwachsene kann aber anders als das kleine Kind oder das Baby aufgrund der Tatsache, dass er über bestimmte Begriffe verfügt, das heißt begriffliches Wissen hat, mehr aus seinen Ballerfahrungen machen. Er ist in Bezug auf seine Ballerfahrungen oder Ballerlebnisse grundsätzlich in der Lage, sich bestimmte Gedanken zu machen, wie beispielsweise zu fragen, ob der Ball tatsächlich blau ist oder nur blau aussieht. Das kleine Kind oder das Baby sind hingegen nicht in der Lage, sich solche Gedanken zu machen bzw. solche Fragen zu stellen.

Zusammenfassend lässt sich an dieser Stelle festhalten: Was man propositional kann, ist immer abhängig davon, über welche Begriffe man selbst verfügt. Wenn x den Begriff eines F in seinem begrifflichen Repertoire nicht hat, dann vermag x auch nicht zu sehen, dass etwas F ist. Das Aussehen, das einzelne Dinge für eine wahrnehmende Person haben, unterliegt keinen Einschränkungen durch das Begriffssystem der jeweiligen Person. Auch wenn x nicht über den Begriff eines F verfügt, kann etwas für x F aussehen. Ding-Wahrnehmungen, anders als propositionale Wahrnehmungen, haben nicht immer einen begrifflichen Charakter.

In Anlehnung an Ansätze, die David Armstrong (1993) und George Pitcher (1971) und andere stark gemacht haben, hat man die Frage erörtert, ob jede Wahrnehmung zum Erwerb einer Meinung führt respektive »doxastisch« ist. Aus dem bis jetzt Gesagten kann man in Bezug auf diese Frage nun klar Position beziehen. Visuelle Wahrnehmungen sind häufig mit dem Erwerb von Meinungen oder Überzeugungen (»beliefs«) verknüpft. Dennoch führt nicht jede visuelle Wahrnehmung zum Erwerb einer Überzeugung oder einer Meinung. Ich kann zum Beispiel vor mir einen Audi sehen, ohne zu glauben, dass ich ihn sehe, und zwar, weil ich irrtümlicherweise der Meinung oder der Überzeugung bin, dass ich gerade einer Halluzination unterliege. Man kann ein Ding sehen, das F ist, ohne zu glauben, dass es F ist. So kann ich beispielsweise ein weißes Blatt Papier sehen, ohne zu glauben, dass es weiß ist, und zwar, weil es für mich aufgrund der vorhandenen Beleuchtung grau aussieht. Genauso wie ich einen kranken Menschen sehen kann, ohne der Überzeugung zu sein, dass er krank ist, und zwar, weil er mir als gesund erscheint. Auch Tiere können Objekte sehen. Wir würden aber nicht sagen, dass sie Überzeugungen durch den visuellen Akt des Sehens erwerben, selbst wenn wir manchmal bereit wären, höherentwickelten Lebewesen wie Hunden und Katzen (anders als nicht so entwickelten Fliegen und Mäusen) in einem nichtstrengen Sinne Überzeugungen zuzuschreiben. Die visuelle Ding- oder Objektwahrnehmung teilen wir mit den Tieren. Eine solche visuelle Wahrnehmung ist aber keineswegs notwendigerweise mit dem Erwerb von Überzeugungen und Meinungen verknüpft.

Zum Schluss sei hier noch eine Anmerkung bezüglich des propositionalen Sehens angeführt. Propositionales Sehen ist nicht transparent. Man kann zum Beispiel sehen, dass p, und dennoch die Überzeugung nicht haben, dass p. Ein von Mark Siebel sorgfältig gewähltes Beispiel illustriert einen solchen Fall. Die Rede ist von einem gewissen Kurt, der, wenn er sich wie jeden Morgen wiegt, auf der Waage sieht, dass er 80 Kilo wiegt, dennoch mit gutem Grund nicht glauben kann, dass er 80 Kilo schwer ist, weil er der Waage zu Recht misstraut, die am Tag vorher (wie in der letzten Zeit auch) 75 Kilo angezeigt hat. Kurt kann sich gar nicht vorstellen, das heißt die Überzeugung haben, dass er innerhalb eines Tages fünf Kilo zugenommen hat. Was Kurt allerdings nicht weiß, ist, dass die Waage kaputt gewesen ist und aufgrund eines defekten Bauteiles über die 75 Kilo-Marke nicht hinaus kommen konnte. Kurt weiß auch nicht, dass seine Frau, ohne ihm etwas davon erzählt zu haben, die alte nichtfunktionierende Waage durch eine neue, gut funktionierende Waage ausgetauscht hat (Siebel, 2000, S. 96). Kurt erwirbt trotz der korrekten Anzeige durch die neue, gut funktionierende Waage nicht die Überzeugung, dass er 80 Kilo schwer ist, und zwar, weil er der Waage zu Recht misstraut. Mit anderen Worten: Obwohl Kurt sieht, dass er 80 Kilo wiegt, erwirbt er nicht die Überzeugung, dass er 80 Kilo wiegt. Dabei verfährt er epistemisch vernünftig. Er hat nämlich einen Grund, der Waage zu misstrauen.

Propositionales Sehen ist nicht transparent. Diese These besagt genau, dass man sehen kann, dass p, ohne gleichzeitig zu glauben, dass p. Und es kann rational, das heißt wohlbegründet, sein zu glauben, dass nicht p, obwohl man faktisch sieht, dass p.

Die Erinnerungsfunktion

In seiner kleinen naturwissenschaftlichen Abhandlung »Über Gedächtnis und Erinnerung« prägt Aristoteles verschiedene terminologische Formulierungen, die für die philosophische Analyse des Gedächtnisses maßgebend geblieben sind. Am Anfang der Schrift heißt es (Kleine naturwissenschaftliche Schriften; vgl. Aristoteles, 1997, S. 87): »Weder das Zukünftige vermag Gegenstand des Gedächtnisses zu sein (dieses ist vielmehr Gegenstand der Vermutung und Erwartung ...), noch das Gegenwärtige. Dieses ist Gegenstand der Wahrnehmung. Denn wir können weder vom Zukünftigen noch vom Vergangenen sagen, wir kennen es durch Wahrnehmung, sondern nur vom Gegenwärtigen. Von Gedächtnis kann man nur in bezug auf Vergangenes reden.« Aristoteles' begriffliche Formulierung scheint ganz plausibel zu sein. Gegenwärtig seiende Entitäten nehmen wir wahr. Zukünftig seiende Entitäten erwarten wir oder werden Objekt unserer Vermutungen. Nur vergangene seiende Entitäten scheinen demnach Objekt unseres Gedächtnisses sein zu können. Daraus folgt in Aristoteles' eigener Sprache: »Das Gedächtnis ist also weder Wahrnehmung noch Annahme, sondern eine eigentümliche Modifikation des einen oder des anderen, die eintritt, wenn Zeit vergangen ist« (Kleine naturwissenschaftliche Schriften; vgl. Aristoteles, 1997, S. 88). Und daraus ließe sich mit Aristoteles weiter schließen: »Hat man aber Wissen und Wahrnehmung ohne konkrete Objekte, dann spricht man von Gedächtnis.«

All dieses kann nur bei Lebewesen vorkommen, welche Zeitempfinden besitzen: das Vorher und Nachher empfinden können (Kleine naturwissenschaftliche Schriften; vgl. Aristoteles, 1997, S. 88 f.). Gedächtnis, thesenförmig gesagt, ist ohne Zeitempfinden nicht zu haben und Gedächtnis bleibt stets auf Vergangenes bezogen.

Jedoch sind Aristoteles' Formulierungen nicht genau genug. Man kann sich in der Tat, wie der analytische Philosoph Norman Malcolm (1977, ausgehend von einer Analyse einiger Redeweisen unserer Alltagssprache) zu Recht betont, an etwas erinnern, das gegenwärtig der Fall ist (bzw. Gegenwärtiges ist) oder aber in der Zukunft stattfinden wird (bzw. Zukünftiges ist). So beispielsweise, wenn wir uns an einen Vortrag erinnern, der gegenwärtig gehalten wird, an die Stadt, die wir gerade dabei sind zu besichtigen, an die Person, die wir gerade treffen, oder an den Ausflug, der übermorgen gemacht wird. Wenn wir in solchen Fällen davon reden, dass wir uns an gegenwärtig oder zukünftig Seiendes erinnern, meinen wir, dass wir uns an etwas erinnern, das von uns in der Vergangenheit erfahren, erlebt, vereinbart, geplant oder angekündigt worden ist und das gegenwärtig oder zukünftig geschieht respektive geschehen wird. Die präzisierende Ergänzung, die dann nötig wird, kann nur lauten: Sich Erinnern setzt nicht unbedingt voraus, dass der Gegenstand der Erinnerung ausschließlich ein vergangener ist, sondern dass die sich erinnernde Person ihn in der Vergangenheit kennengelernt, erlebt oder erfahren hat.

All das bis jetzt Gesagte bezieht sich auf das, was ich die »Vergangenheitsbedingung« von Gedächtnisleistungen nennen würde. Man erinnert sich immer an etwas, mit dem man in einer vergangenen Zeit in kognitivem Kontakt gestanden hat. Das Erinnerte braucht aber keineswegs vergangen zu sein. Es reicht aus, wenn man bloß mit Aspekten oder Teilen des Erinnerten zu einer früheren Zeit in einem kognitiven Kontakt gestanden hat. Man muss das Erinnerte in seiner Gänze nicht wahrgenommen oder erfahren haben. Neben dieser »Vergangenheitsbedingung« gibt es andere Bedingungen, die die Grammatik des Sicherinnerns wesentlich ausmachen: die sogenannte Wahrheitsbedingung (häufig auch als die Faktivitäts- oder Existenzbedingung bezeichnet), die Gehaltsbedingung sowie die Verknüpfungsbedingung.

An etwas, das nicht wirklich der Fall gewesen ist, kann man sich nicht erinnern. Das ist die Intuition, welche durch die Wahrheitsbedingung bzw. Existenzbedingung verarbeitet wird. Damit man sich zu einer späteren Zeit an etwas erinnern kann, muss es zu einer früheren Zeit wirklich gewesen sein. Andernfalls kann man bloß meinen, dass man sich daran erinnert. Man erinnert sich aber de facto nicht.

Die Gehaltsbedingung (oft »content preservation«-Bedingung genannt) legt fest, dass das früher Erlebte oder Wahrgenommene identisch oder ähnlich genug mit dem gegenwärtig Erinnerten sein muss. Sonst hätte man es mit zwei unterschiedlichen Phänomenen, Dingen oder Geschehnissen zu tun. Die Rede von Erinnerung wäre in so einem Fall nicht gerechtfertigt.

Schließlich legt die Verknüpfungsbedingung fest, dass das in der gegenwärtigen Zeit Erinnerte mit dem in der vergangenen

Zeit kognitiv Erfahrenen in einer gewissen adäquaten Relation stehen muss. Verschiedene Ansätze sind entwickelt worden, in denen diese Verknüpfungsbedingung als kausale Bedingung gefasst worden ist.

Bei all diesen genannten Bedingungen geht es um zwei unterschiedliche »Passungsverhältnisse«: um das Verhältnis »Geist – Welt« und um das Verhältnis »Geist in der Gegenwart – Geist in der Vergangenheit«. In der englischsprachigen analytischen Fachliteratur spricht man von einer »twofold direction of fit«: »mind-to-world« und »mind-in-the-present-to-mind-in-the-past«.

Das bisher Gesagte zur Grammatik des Sicherinnerns lässt sich so zusammenfassen: x erinnert sich zum Zeitpunkt t2 an etwas zum Zeitpunkt t1 kognitiv Erlebtes, wenn x zum t2 p2 repräsentiert, das von x zum Zeitpunkt t1 als p1 repräsentiert wurde, p1 zum Zeitpunkt t1 wahr ist, das zum Zeitpunkt t1 von x repräsentiert p1 identisch oder ähnlich genug mit dem zum Zeitpunkt t2 von x repräsentierten p2 ist und schließlich die Repräsentation p2 zum Zeitpunkt t2 mit der Repräsentation p1 zum Zeitpunkt t1 auf angemessene Weise verbunden ist.

Es lohnt sich, etwas genauer die sogenannte Verknüpfungsbedingung zu betrachten. Die Verknüpfungsbedingung garantiert, dass das zum Zeitpunkt t2 repräsentierte p2 in der Tat eine Erinnerung an und nicht bloß eine Repräsentation von p1 ist. Mit anderen Worten: Etwas kann nur Objekt einer Erinnerung sein, wenn der vorhergegangene kognitive Kontakt kausal verantwortlich für das ist, was erinnert wird. Dass das so notwendigerweise sein muss, lässt sich folgendem Beispiel entnehmen, das eine Variation ähnlicher in der Fachliteratur zu findender Beispiele ist. Kurt verursacht einen Autounfall, an den er sich eine Zeit lang gut erinnern kann. Durch einen weiteren Autounfall, welcher zu einer Teilamnesie führt, wird jede Erinnerung an den ersten Unfall aus Kurts Gedächtnis gelöscht. Ein Hypnotiseur flößt aber Kurt alle Einzelheiten des ersten Unfalls ein, so dass Kurt gegenwärtig in der Lage ist, auf die Fragen nach dem ersten Unfall Informationen zu geben, die unter normalen Umständen nahelegten, dass er sich an ihn erinnert. In so einem Fall ist es aber klar, dass Kurt sich nicht an den ersten Unfall erinnert, sondern lediglich nacherzählt, was ihm vom Hypnotiseur suggeriert worden ist. Wir hätten es demnach mit keinem Fall von Erinnerung zu tun, da der vergangene kognitive Kontakt (das Erlebnis des ersten Autounfalls) keine wesentliche Rolle für den späteren Bericht spielt. Allgemein lässt sich formulieren: Wer in der Vergangenheit p erlebt oder wahrgenommen hat und jetzt in der Gegenwart auf Fragen nach p die richtige Antwort gibt, der muss sich nicht unbedingt an p erinnern. Es ist wohl vorstellbar, dass er p vergessen hat und bloß auf Umwegen p-Ähnliches berichten kann.

Von Erinnerung oder von einer Gedächtnisleistung reden wir ebenfalls nicht, wenn der kausale Pfad zwischen p1 und p2 zu verschlungen oder ausgedehnt ist. So beispielsweise, wenn Kurt zwei Autounfälle erlebt, wobei durch den zweiten Autounfall jede Erinnerung an den ersten Autounfall verlorengegangen ist. Zwischen beiden Autounfällen hat er aber seinem Freund Uwe von dem ersten Autounfall erzählt. Uwe berichtet später Kurt von den Einzelheiten des ersten Autounfalls, von denen er ihm damals so lebhaft erzählt hat. Kurt besitzt jetzt wieder die Fähigkeit, die damaligen Ereignisse zu beschreiben. Kurts damalige Wahrnehmung des ersten Autounfalls verursacht hier in der Tat seine spätere Beschreibung, allerdings auf dem Umweg über Uwe. Aus diesem Grund können wir nicht sagen, dass Kurt sich an den ersten Autounfall erinnert, obwohl Kurts Wahrnehmung dieses Unfalls kausal dafür verantwortlich ist, dass er in der Gegenwart, über Uwes Bericht vermittelt, den ersten Autounfall wahrheitsgemäß wiedergeben kann.

Das Gedächtnis ist eine Fähigkeit, die Menschen haben. Eine solche mentale Fähigkeit ist immer materiell oder physisch, das heißt neurophysiologisch, realisiert. Einige Philosophen, die diese Realisierung thematisieren wollten, haben die Redeweise von einer »Gedächtnisspur« (»memory trace«) geprägt. Im Rahmen einer analytischen Begriffserklärung ist eine solche Rede (wie auch die Rede von »Bildern« respektive »Abbildern«, »Eindrücken«, »Abdrücken« und »Kopien«) entbehrlich.

Der Begriff des Gedächtnisses respektive des Erinnerungsvermögens umfasst viele und sehr verschiedene Leistungen, die eine grundsätzliche Fähigkeit der menschlichen Seele bzw. des menschlichen Geistes sind. Ausgehend von diesen verschiedenen Erinnerungsleistungen hat man versucht, diverse Arten oder Typen von Gedächtnis zu unterscheiden. Allgemein hat man ein propositionales von einem praktischen und von einem Erlebnisgedächtnis unterschieden. Diese erste allgemeine Einteilung erinnert an die traditionelle Klassifikation von Wissensformen. Das sogenannte propositionale Gedächtnis wurde wiederum in ein bewusstseinsbezogenes Gedächtnis (»introversive memory«) und ein weltbezogenes (»extroversive memory«) eingeteilt, wobei das erste sich auf die mentalen Zustände im Bewusstsein bezog, während das zweite auf Dinge und Sachverhalte außerhalb des Bewusstseins (in der Welt) abzielte (Bernecker, 2012, S. 34 ff.).

An unterschiedlichen Kriterien wie Länge der Zeit der Gedächtnisleistung, Bewusstheitsgrad, Art der Abrufbarkeit des Erinnerten orientiert, wurden zusätzliche Einteilungen vorgenommen: Kurzzeit- und Langzeitgedächtnis; unbewusstes, dispositionales, teilweise bewusstes, bewusstes Gedächtnis; gezielt und spontan zur Verfügung stehende Erinnerungsleistungen. Weitere denkbare Einteilungen sind: explizites und implizites Gedächtnis; dispositionales und Ereignisgedächtnis; inferenzielle und nichtinferenzielle Erinnerungen; De-dicto- und De-facto-Erinnerungen; begriffliches und nichtbegriffliches Gedächtnis und andere (Bernecker, 2012, S. 23 ff.).

Ich unterstelle aus guten Gründen, dass eine genaue Analyse der Grammatik unseres Erinnerungsvokabulars für Klarheit bezüglich der verschiedenen Gedächtnisleistungen und der korrespondierenden Gedächtnisarten sorgen kann. Eine solche Analyse würde entlang der grammatikalischen Festlegungen des Erinnerungsvokabulars unterschiedliche mögliche Objekte des Erinnerungsvermögens auseinanderhalten. In der Alltagssprache gebrauchen wir das Verb »sich erinnern« so, dass wir davon reden, dass wir uns an Dinge, Ereignisse, Personen, Eigenschaften, Tatsachen oder Sachverhalte, Weisen des Tuns und Gefühle respektive Empfindungen erinnern. Die Angabe all dieser möglichen Objekte oder Gehalte des Gedächtnisses geschieht mittels unterschiedlicher Sätze, mit denen wir sprachlich adäquat auf sogenannte W-Fragen antworten. Wenn man uns »Wer«-, »Was«-, »Wo«-, »Warum«- oder »Wie«-Fragen stellt, reagieren wir so, dass wir angeben, wer, was, wo, warum und wie getan hat. Und wir können so sprachlich reagieren, das heißt die gestellten Fragen beantworten, weil wir der korrespondierenden Gedächtnisleistungen fähig sind. Bei unseren sprachlichen Antworten wird es immer um Personen, Dinge, Eigenschaften, Ereignisse, Tatsachen oder Sachverhalte, Handlungsweisen und Gefühle gehen.

All diese Größen sind die möglichen Objekte oder Gehalte unseres Gedächtnisvermögens. Ich kann mich beispielsweise an Timo, dessen Freundlichkeit, die Anziehsachen, die er trägt, erinnern oder daran erinnern, wie er mir damals geholfen hat oder sich für mich eingesetzt hat, wie man Pflaumenkuchen backt oder an das, was ich nach meiner Magisterprüfung empfunden und gefühlt habe.

Einige Gedächtnisgehalte sind begrifflich, andere hingegen nicht. Ding- und Ereigniserinnerungen sind prinzipiell möglich, ohne dass man über Begriffe verfügt. Ich kann mich beispielsweise an den blauen Ball erinnern, mit dem ich als Kind gespielt habe, ohne über Farbbegriffe oder den Begriff eines Balls zu verfügen. Erinnerungen an Tatsachen und Sachverhalte setzen allerdings Begriffe voraus, über die man verfügen muss, damit die Erinnerung als solche zustande kommen kann. Man kann sich nicht daran erinnern, dass zwei Individuen geheiratet haben, ohne über den Begriff des Heiratens zu verfügen. Man kann sich zwar an ihre Hochzeit (Teile oder Aspekte der Hochzeit) erinnern, ohne zu wissen, was eine »Hochzeit« ist. Die Hochzeit als Referenzgegenstand ist allerdings ein anderer Gedächtnisgehalt als die Tatsache oder der Sachverhalt, dass jemand geheiratet hat, eine Tatsache, die Gegenstand einer Gedächtnisleistung werden kann. Der Gehalt einer Tatsachenerinnerung ist eine Proposition. Und eine Proposition ist ohne die entsprechenden Begriffe nicht möglich. Bei Ding- und Ereigniserinnerungen reicht ein einfacher Bezugsgegenstand aus, der nicht propositionaler Natur sein muss. Erinnerungen an Tatsachen oder Sachverhalte setzen immer begriffliche Festlegungen voraus. Ding- und Ereigniserinnerungen können anders als Tatsachenerinnerungen ihr Objekt auch teilweise auf nichtbegriffliche Weise repräsentieren.

Fühlen und Erleben als psychische Funktionen

Als Seelenwesen stehen Menschen in unmittelbarem Kontakt zur externen Welt. Ihre Wahrnehmungen, ihre Erinnerungen, ihre Gefühle, Wünsche und Absichten sowie ihre Gedanken und Überlegungen verschaffen ihnen einen unmittelbaren Zugang zur

Welt. Deswegen ist die Vorstellung falsch, dass Menschen, wenn sie wahrnehmen, fühlen, wünschen und denken, ihre geistigen, psychischen Zustände wahrnehmen. Ihre geistigen, psychischen Zustände ermöglichen ihnen, dass sie die externe Welt und sich selbst in ihr erleben. Die Übertragung eines bestimmten Wahrnehmungsmodells auf die geistigen, mentalen, psychischen Zustände mag plausibel erscheinen. Sie ist dennoch irreführend. Arthur W. Collins spricht demnach zu Recht von der »luminosity« unserer geistigen Zustände (Collins, 1987, S. 64 f., S. 68). Gemeint ist genau, dass sie selbst gar nicht wahrgenommen werden, sondern »transparent« bzw. durchsichtig auf die externe Welt hin sind. Sie sind keine internen Dinge oder Tatsachen, die introspektiv erforscht werden könnten. Unser Bewusstsein, unsere Seele, unser Geist, das heißt: wir als beseelte Lebewesen sind wahrnehmend, erinnernd, fühlend, wünschend, wollend und denkend in unmittelbarem Kontakt mit der externen Welt. Wir erleben die externe Welt und wir erleben uns selbst als erlebende Wesen in ihr, ohne dass die Vermittlung durch irgendwelche intermediären Instanzen oder Mechanismen dafür nötig wäre.

Was dies präzise besagt, lässt sich sehr gut anhand der sogenannten Gefühle oder Emotionen veranschaulichen. Im Alltagsleben und in der Wissenschaft bezeichnet man mit dem Begriff der Gefühle eine sehr heterogene Menge von Phänomenen, die diverse Regungen wie Angst, Wut, Freude, Mitleid, Ehrfurcht, Respekt, Dankbarkeit, Bewunderung, Verehrung, Verachtung, Ekel, Bedauern, Panik, Sehnsucht, Nostalgie, Reue, Stolz, Empörung, Resignation etc. umfasst. All diese emotionalen Lagen oder »Affekte« (um die Sprache der Tradition aufzugreifen) lassen sich nicht leicht in einer zufriedenstellenden Klassifikation ordnen, denn man verfügt keineswegs über einheitliche normative Gesichtspunkte, die eindeutige Zuordnungen ermöglichen. Es ist jedoch prinzipiell möglich, eine Reihe von Merkmalen oder Eigenschaften anzugeben, die alle Gefühle wesentlich auszeichnen. Ohne jeden Anspruch auf Vollständigkeit werde ich im Folgenden einige dieser Merkmale aufführen, die relativ allgemein sind, über die aber ein Konsens leicht zu erzielen ist. Folgende Merkmale oder Eigenschaften sind allen Emotionen, Gefühlen oder Affekten gemeinsam. Das erste Merkmal ließe sich so angeben, dass man sagt, allen Gefühlen eignet im

Regelfall eine subjektive Seite respektive eine qualitative Dimension: ein bestimmtes »Quale«, so dass das Individuum, das das Gefühl hat bzw. unter dem Gefühl leidet, weiß, was es heißt, das Gefühl zu haben. Das heißt: Der Mensch, der das Gefühl hat, hat das Gefühl (er ist froh, verliebt, traurig, verärgert oder wütend) und eine subjektive Erlebnisweise, die nicht bei allen fühlenden Menschen gleich ist. Er ist verliebt und zugleich weiß er, was es heißt, verliebt zu sein, respektive weiß, wie es sich anfühlt, verliebt zu sein. Oder er ist traurig, froh, wütend oder verärgert und weiß, was es heißt und wie es sich anfühlt, traurig, froh, wütend oder verärgert zu sein. Die subjektive qualitative Erlebnisweise impliziert aber keine Verdoppelung des jeweiligen Gefühls. Sie ist vielmehr eine wesenskonstitutive Dimension des Gefühls, von der ich sagen könnte, dass sie schwer naturalisierbar ist. Objektiv betrachtet mag das subjektive Quale vernachlässigbar sein. Für den Menschen selbst ist die subjektive qualitative Erlebnisweise aber fundamental wichtig.

Die meisten Gefühle (das zweite Merkmal!) haben sogenannte kognitive Antezedensbedingungen. Tatsächlich werden viele Gefühle und Emotionen durch Kognitionen (Verhaltenstheoretiker sprechen in diesem Zusammenhang von »mentalen Instruktionen«) bestimmt, die ihnen vorausgehen. Gefühle und Kognitionen sind immer eng miteinander verknüpft. Hier ist allein die eine Richtung dieser Verknüpfung von Interesse, nämlich die Richtung von einzelnen Kognitionen zu einzelnen Gefühlen. Oft beruhen Gefühle auf Überzeugungen, die wir in Bezug auf gewisse Zustände und Ereignisse haben, oder aber auf Interpretationen dieser Zustände und Ereignisse. Wenn die Überzeugungen und die Interpretationen nicht passend sind, sind die auf ihnen basierenden Gefühle als irrational zu bezeichnen. Diverse Deutungen bzw. Auffassungen eines Zustandes oder Ereignisses können zu verschiedenen Gefühlen führen. Die Intensität des jeweiligen Gefühls hängt auch von der Interpretation des Zustands oder des Ereignisses ab. Die Überzeugungen und Interpretationen, die unsere Gefühle häufig tragen, können sich ebenfalls auf Kognitionen und Gefühle anderer Menschen beziehen oder auf unsere eigenen Kognitionen und Gefühle, so dass kognitiv komplexe Gefühle und Metagefühle zustande kommen und sich entwickeln können. Ich kann zum Beispiel »schlechtes Gewissen« über meine Freude oder über meine

Wut haben bzw. bedauern, dass ich dieses oder jenes Gefühl habe. Das heißt allerdings nicht, dass uns unsere Gefühle und Emotionen stets bewusst sind oder dass unsere Vorstellungen und Überzeugungen über unsere Gefühle immer richtig sind. Im Gegenteil. Sehr oft täuschen wir uns über unsere wirklichen Gefühle, wenn wir versuchen, uns Rechenschaft über sie abzulegen. Noch öfter täuschen wir uns, wenn wir über die Gefühle und Emotionen anderer Menschen urteilen. Das hängt damit zusammen, dass sowohl Rechenschaftsberichte über unsere eigenen Gefühle als auch die Urteile über Gefühle anderer Menschen häufig von Gefühlen und Emotionen wiederum getragen sind.

Gefühle haben eine intentionale Struktur respektive haben intentionale Bezugsobjekte. Gefühle sind stets Gefühle in Bezug auf etwas. Dieses dritte Merkmal von Gefühlen bezeichnet Robert M. Gordon (1990) mit dem Begriff »the aboutness of emotions«. Überzeugungen und Wünsche oder Präferenzen haben ebenfalls eine intentionale Struktur. Sie haben intentionale Gegenstände, auf die sie bezogen sind. Man glaubt immer oder ist der Überzeugung, dass p. Oder man wünscht, dass p. Während die Bezugsobjekte von Überzeugungen propositionaler Natur sind, können die Bezugsobjekte von Gefühlen (genauso wie die Bezugsgegenstände von Wünschen und Präferenzen) auch nicht propositional sein. Man kann sich beispielsweise über den Sachverhalt, dass p, ärgern oder darauf stolz sein, dass p. Man kann sich allerdings auch über sich selbst oder über eine andere Person ärgern und man kann stolz auf sich selbst oder auf eine andere Person sein. Gefühle verlieren ihre intentionalen Bezugsobjekte, wenn sie sich in Stimmungen verwandeln, so dass folgende Gesetzmäßigkeit festgestellt werden kann: Je mehr ein gewisses Gefühl den Charakter einer Stimmung annimmt, um so unwahrscheinlicher ist es, dass man das Bezugsobjekt des zu einer Stimmung mutierten Gefühls angeben kann.

Gefühle gehen (viertes Merkmal!) im Regelfall mit irgendeiner physiologischen Veränderung zusammen, das heißt: Sie bringen mit sich eine physiologische Aktivierung, Mobilisierung oder Erregung bzw. bestehen einfach in einer solchen physiologischen Aktivierung, Mobilisierung oder Erregung.

Das fünfte Merkmal lässt sich vom vierten schwer trennen. Gefühle haben eine »expressive« Dimension. Sie haben im Regelfall einen physiologischen Ausdruck. Einige dieser Ausdrucksformen sind relativ »natürlich«. Man wird beispielsweise rot, wenn man sich schämt, und die Stimmlage erhöht sich, wenn man erregt ist. Andere dieser Ausdrucksformen werden hingegen in sozialen und kulturellen Zusammenhängen konventionell erlernt. Man verhält sich so oder so, tut dieses oder jenes, man bewegt die Arme oder die Hände so oder anders als Ausdruck eines bestimmten Gefühls.

Gefühle haben stets eine bestimmte Wertigkeit bzw. Valenz. Dies ist das sechste Merkmal. Gefühle werden in der Tat als positive oder negative, als angenehme oder aber als unangenehme erlebt. Gefühle erscheinen demnach als wünschenswerte oder nicht wünschenswerte, als zur allgemeinen Zufriedenheit beitragende oder nicht beitragende. Sie lassen sich aufgrund einer solchen Wertigkeit oder Valenz ordnen, das heißt in eine Ordnungsreihe bringen. Man kann bessere, von guten, weniger guten und schlechten Gefühlen unterscheiden. Allerdings kann man nicht immer eineindeutige Rangordnungen und Klassifizierungen vornehmen. Häufig sind nämlich unsere Gefühle und Emotionen gemischt, so dass zum Beispiel eine hohe Erregung mit einer gewissen Lustneutralität gepaart sein kann. Für andere Gefühle sind ein niedriges Erregungsniveau und eine intensive unangenehme Empfindung charakteristisch.

Schließlich haben die meisten Gefühle einen starken Handlungsbezug (siebentes Merkmal!). Gefühle und Emotionen können als Bereitschaft gedeutet werden, eine bestimmte Handlung auszuführen. Sie haben häufig einen impulsiven Dringlichkeitscharakter.

Den einzelnen Gefühlen und Emotionen kommt im Leben der wählenden, bewertenden, entscheidenden und handelnden Menschen eine fundamentale Funktion zu. Durch Gefühle und Emotionen werden Aspekte, Elemente und Eigenschaften der Umwelt für entscheidende und handelnde Individuen relevant. Gefühle lenken unsere Aufmerksamkeit auf Objekte der uns externen Welt. Sie fokussieren und richten unseren Empfindungs- und Wahrnehmungsapparat so aus, dass wir Relevantes in der Welt entdecken können. Die englische Sprache verfügt über den Begriff »salience«, der sich gut eignet, das hier Gemeinte zu benennen. Durch Gefühle und Emotionen wird die Umwelt, die externe Welt, in der sich die entscheidenden und handelnden Menschen befinden, einfach interessant. Elemente, Aspekte, Eigenschaften, Dimensionen dieser externen Welt werden durch Gefühle selektiert und als wichtig perzipiert. Solche Elemente, Aspekte, Eigenschaften und Dimensionen von Welt erhalten somit eine hervorstechende, »vorspringende« Stellung. Sie werden dann wichtig für uns, für unsere Entscheidungen und Handlungen, manchmal sogar maßgebend.

Gefühle und Emotionen sind allerdings keine ein für alle Mal feststehende Affekte. Sie werden exemplarisch, in gewissen konkreten Situationen (meistens im Kindesalter), erlernt und dann (über viele Erzählungen und Gespräche vermittelt) bestätigt und verstärkt. Sie sind aber im Zuge neuer Erfahrungen veränderbar. In den paradigmatischen oder exemplarischen Ursprungssituationen von Gefühlen lernt man nicht nur ein Repertoire an Gefühlen sowie deren intentionale Bezugsobjekte kennen, sondern auch konventionelle Reaktionsformen und Verhaltensmuster. Dies ist nämlich der Grund, warum Ronald de Sousa in seinem Buch »The Rationality of Emotion« von der »dramatischen Struktur« der Gefühlswelt zu Recht reden kann (de Sousa, 1990, S. 171 f., S. 181 ff.). Gefühle und Emotionen erlernt man tatsächlich in signifikanten ursprünglichen Handlungsszenarien, die wie Dramen strukturiert sind.

In exemplarischen Szenarien erlernte Gefühle bleiben beeinflussbar und modifizierbar. Erlernte Gefühle und Emotionen lassen sich nämlich verfeinern, verstarken, intensivieren, korrigieren, neutralisieren oder aber eliminieren, und zwar im Zuge neuer Erlebnisse, neuer Lernerfahrungen sowie der reflexiven Auseinandersetzung mit den eigenen Empfindungen und Affekten. Man kann lernen, mit bestehenden Gefühlen und Emotionen anders als in der Vergangenheit umzugehen, sie zu verändern sowie neue Gefühle zu erwerben. Lern- und Reifungsprozesse sind somit in Bezug auf Gefühle und Emotionen nic ausgeschlossen.

Die Funktion des Wollens

Mit dem traditionellen Begriff des »Willens« hat man sich auf eine Klasse von mentalen Phänomenen bezogen: Phänomene »konativer« Art wie Wünsche, Präferenzen und andere optativische Einstellungen menschlicher Lebewesen sowie die einzelnen Akte des bewussten Beabsichtigens oder Intendierens, Entscheidens, Bevorzugens bzw. Präferierens und überhaupt des Wollens, die sie ermöglicht haben. Unangemessen und letztendlich falsch ist es, verdinglichend den sogenannten menschlichen Willen als ein besonderes Vermögen des Menschen zu denken, das unabhängig von all den einzelnen »Wollungen«, Motiven, Wünschen, Präferenzen und Akten bestehen könnte. Der sogenannte »Wille«, das sind faktisch die einzelnen Menschen, sofern diese wollen, wünschen, intendieren, Entscheidungen fällen und einzelne Handlungen vollziehen.

Um jegliche Verdinglichung zu vermeiden, empfiehlt es sich, den Willen und dessen Aktivsein, nämlich die Tätigkeiten des Wollens, konsequent vom Handeln her zu bestimmen, selbst wenn es auch den Fall eines Wollens geben kann, das mit der Ausführung von Handlungen nicht gleichzusetzen ist. Oft ist aber das Wollen nichts anderes als die Qualität einer Handlung bzw. ein bestimmtes Moment am Handeln, auf das man sich so sprachlich bezieht, dass man sagt, dass etwas »willentlich« getan worden ist. Es ist sinnvoll deswegen das Wollen als etwas zu denken, das aus einem bloßen Verhalten bzw. aus einer körperlichen, physischen Bewegung eine menschliche Handlung macht. Das Wollen ist dann eine qualitative Bestimmung, die qualitative Bestimmung nämlich des »Willensmäßigen« bzw. »Willentlichen«, die aus einem bloß körperlichen, physischen Verhalten eine Handlung entstehen lässt. Die verdinglichende Konzeption des Willens könnte man auf die Weise eliminieren und das Wollen ließe sich dann konsequent »adjektivisch« respektive »adverbial« im Sinne eines »willentlichen« Verrichtens bzw. Vollziehens einer bestimmten Handlung auffassen, das heißt also: als eine bestimmte modale Qualität einer konkreten Handlung oder eines allgemeinen Aktivseins bestimmen.

Es gibt allerdings ein Wollen, das mit keiner einzelnen Verrichtung gleichzusetzen ist, weil es in der Tat keine konkrete Verrichtung bewirkt und lediglich ein »Versuch« (etwas zu tun) ist. Wenn es zu einer konkreten Verrichtung geführt hätte, hätte es diese Verrichtung in eine willentliche transformiert. Externe Umstände bzw. körperliche oder organische Dysfunktionen verursachen aber oft, dass, wenn wir handeln wollen, es zu keinem konkreten Vollzug respektive zu keiner konkreten Verrichtung kommt, so dass es einfach bei misslungenen einzelnen »Versuchen« bleibt und unser Wollen nichts anderes als ein bloßes Versuchen ist. Brian O'Shaughnessy (1980) spricht in solchen Fällen von erfolglosem »trying«. Erfolglos sind solche Versuche (Fälle von »trying«), da sie zu keinem Vollzug einer konkreten Handlung führen.

Einige praktische Phänomene können als Fälle eines solchen erfolglosen, folgenlosen, verrichtungsunabhängigen Wollens dargestellt werden. Gottfried Seebass hat sieben verschiedene Fälle von verrichtungsgetrennten Willensvorkommnissen oder Willensereignissen unterschieden (Seebass, 1993, S. 165). Seebass spricht von einigen Formen eines »bloßen Wollens«, in denen keine realisierungsbezogenen Verrichtungen vorkommen. Dann ist die Rede von »gedanklichen Folgen« wie Reflexionen oder Überlegungen zur Realisierbarkeit von Gewolltem, welche das Wann, das Wie und das Ob einer möglichen Verwirklichung betreffen. Darüber hinaus werden die Ansätze, Anstrengungen und Bemühungen zur Realisierung genannt, deren Erfolg tatsächlich ausbleibt. Und dann gibt es erfolgreiche Willenshandlungen, deren konkrete Ausführung zeitlich später als das Bewusstsein liegt, dass sie oder dass ihr Resultat gewollt sind. Kontingent bzw. zufällig erfolgreiche willensabhängige Tätigkeiten, irrationale Reaktionen auf gegebene Willenslagen und das »unbewusste Wollen« werden schließlich von Seebass genannt. All diese von Gottfried Seebass aufgeführten Phänomene belegen, dass in vielen Fällen »Wollen« als mentales Ereignis zu beschreiben ist, das keineswegs an einschlägige Verrichtungen oder Handlungsvollzüge notwendigerweise gebunden ist und unabhängig von diesen Verrichtungen und Vollzügen vorkommen kann.

Eines ist aber ganz wichtig und sollte bei all den feinen Unterscheidungen nicht vergessen werden, nämlich dass »wollen« nicht mit »wünschen« gleichzusetzen ist. »Wünschen« scheint weniger als »wollen« zu sein. Ich kann viele und verschiedene Wünsche haben, die sogenannten »Prima facie«-Wünsche, die ich nicht verwirklichen will. Manchmal will ich allerdings etwas, das sich gegen bestimmte Wünsche wendet. Friedrich Waismann legt meisterhaft die philosophische Grammatik von »wünschen« und »wollen« folgendermaßen fest: »Aus ›Ich wünsche A‹ folgt nicht ›Ich will A‹.

Aus ›Ich will A‹ folgt nicht ›Ich wünsche A‹. Es ist sinnvoll zu sagen: Ich wünsche A und ich will A; ich will A und ich wünsche nicht A. Ich will A und ich wünsche A; ich will A und ich wünsche nicht A. Ich wünsche A nicht und ich will A nicht. Es ist legitim zu sagen ›Ich wünsche zu wollen.‹ Es ist verboten zu sagen: ›Ich will wünschen.‹ Es ist legitim zu sagen: ›Ich wünsche zu wünschen‹, wenn der Typenunterschied beachtet wird. Es ist verboten zu sagen: ›Ich will wollen‹« (Waismannn, 1983, S. 46).

Man kann Vieles und Heterogenes wollen. Und dies tut man immer in Abhängigkeit von den eigenen Überzeugungen, Vorstellungen, Meinungen und Auffassungen. Es kennzeichnet die Qualität von Friedrich Waismanns philosophischen Festlegungen, dass sie alle Typen und Fälle von Wollen, wie verschieden diese auch sein mögen, erfassen.

Wollen, so lässt sich hier zusammenfassend festhalten, ist eine besondere Form des Wünschens, ein sogenanntes qualifiziertes Wünschen, das der optativischen Einstellung »Es möge der Fall sein, dass p« (»Wp«) gleichkommt.

Das qualifizierte Wünschen, das das Wollen ist, bleibt stets objektbezogen, wobei als intentionale Bezugsobjekte des Wollens sowohl einzelne Objekte oder Gegenstände als auch Sachverhalte infrage kommen, allerdings in der Weise, dass alle intentionalen Bezugsobjekte in optativischen Sätzen der Form »dass etwas der Fall werde« prinzipiell darstellbar sind.

Das allgemeine Wünschen, das zu einem besonderen Wollen werden kann, kennt Intensitätsgrade, so dass das Aufstellen von präferenziellen Reihungen und Hierarchisierungen in den meisten Fällen möglich ist. Außerdem ist dieses allgemeine Wünschen handlungswirksam. Als Wollen qualifiziert, führt es im Regelfall zu konkreten Verrichtungen und Handlungsvollzügen.

Die Denkfunktion

Das Denken, das für Menschen charakteristisch ist, ist ein komplexes Denken, das begrifflicher, propositionaler und inferenzieller Natur ist.

Menschliche Lebewesen können durch den Gebrauch von Begriffen auf Vieles und Unterschiedliches Bezug nehmen und es als »einen Fall von etwas« bestimmen. Einzelne Gegenstände der externen Umwelt werden auf die Weise begrifflich klassifiziert respektive unter Begriffe gebracht. »Dieses ist ein Haus«, »Jenes ist ein Fahrrad« sind Sätze, die Menschen äußern können und in denen Objekte und Phänomene der Außenwelt begrifflich erfasst werden.

Begriffliche Bestimmungen, durch die wir sagen, dass irgendetwas etwas ist, werden im Rahmen von Aussagen oder Propositionen vorgenommen. Aussagesätze oder Propositionen sind Sätze, mittels derer die sogenannte Prädikationsfunktion vollzogen wird. In ihnen wird etwas von etwas ausgesagt oder behauptet. Propositionale Aussagesätze können wahr oder falsch sein, je nachdem, ob das in ihnen Ausgesagte und Behauptete einem existierenden Sachverhalt der Wirklichkeit entspricht oder nicht.

Schlüsse respektive Inferenzen machen möglich, dass man von wahren Sätzen zu weiteren Sätzen kommen kann, die gleichfalls wahr, sind und manchmal sein müssen (das »logische Muss«!), und zwar, weil sie auf eine bestimmte Weise mit den Ausgangssätzen, den sogenannten Prämissen, zusammenhängen. Dieser Zusammenhang zwischen bestimmten Aussagesätzen, den Prämissen, und den Schlusssätzen (der Konklusion), die aus den Prämissen abgeleitet werden, ermöglicht einen logischen Übergang von den einen zu den anderen. Einige Übergänge sind formaler Natur. Man kann sie auf der Basis der formalen Relation vollziehen, in der die einzelnen Sätze zueinander stehen. Andere Übergänge hingegen sind inhaltlicher Natur. Ein Rückgriff auf die Erfahrung ist dann unumgänglich.

Mit dem analytischen Philosophen Donald Davidson können wir davon ausgehen, dass eine Erforschung unseres begrifflichen, propositionalen und inferenziellen Denkens die bestmögliche Untersuchung der Struktur der objektiven Wirklichkeit ist. In zwei Aufsätzen (»The Method of Truth in Metaphysics« und »Method and Metaphysics«) rechtfertigt Davidson die These, dass das Weltbild, das uns unsere Sprache vermittelt, im Großen und Ganzen nur wahr sein kann, so dass, wenn wir die großen Züge unserer Sprache nachzeichnen, auch die großen Züge der Wirklichkeit offenlegen (»making manifest the large features of our language, we make manifest the large features of reality«; vgl. Davidson, 1991, S. 199).

Donald Davidson unterstellt, dass wir nicht ständig irren können bzw. dass der Irrtum nur vor dem Hintergrund eines prinzipiellen Nicht-Irrens und Richtig-Liegens vorkommen kann (»objective error can occur only in a setting of largely true belief«; vgl. Davidson, 1991, S. 200). Diese Einsicht in die Natur des Irrtums und der »systematische Charakter der Semantik« unserer natürlichen Sprachen lassen Davidson glauben, dass, wie es im Aufsatz »Method and Metaphysics« prägnant formuliert steht, »[...] truth is like the proverbial door which no one can miss; at least it is a door one cannot miss most of the time« (Davidson, 2005, S. 45). Die Wahrheit unserer Sätze erweist sich demnach als »Tor zur Wirklichkeit«, ein Tor, das wir in den meisten Fällen nicht verpassen können.

Unsere begriffliche, propositionale und inferenzielle Sprache ist mit anderen Worten unser zuverlässigster Zugang zur Außenwelt, zur Wirklichkeit. Außerdem ist sie (und das ist die Lehre, die man der pragmatischen Logik John Deweys, 1991, entnehmen kann!) das zu unserer Disposition stehende wertvollste Mittel, die unterschiedlichen Probleme, mit denen wir im Alltagsleben und in der Wissenschaft beschäftigt sind, optimal zu lösen.

Wolfgang Mack

Replik

Der Text »Psychische Funktionen« von Thomas Gil ist für mich ein beeindruckendes Beispiel, welche für die Psychologie wichtigen Kenntnisse und Einsichten die philosophische Methode der Sprachanalyse erbringen kann. Solche Sprachanalysen sind auch für die aktuelle Psychologie von großem Wert, da man in der Psychologie immer noch keine einheitliche, sondern eine oft unklare Verwendungsweise Psychisches bezeichnender Begriffe findet. Es ist daher gut, wenn Thomas Gil Wittgensteins sprachkritischer, »therapeutischer« Methode zum Verständnis mentaler Wörter durch das Aufweisen ihres Gebrauchs in der menschlichen Wechselrede folgt. Das Vorhaben, »eine sprachanalytisch angeleitete Klärung einiger psychischer Funktionen, die im Leben der Geistwesen Menschen fundamental sind«, ist bestens gelungen, so dass ich Gefahr laufe, mit einem Kommentar dazu mäkelig zu erscheinen. Ich möchte gar nicht den Text und die Methode inhaltlich kritisieren, sondern mich von den Ergebnissen der klaren Analyse zu weiteren Fragen anregen lassen. So verstehe ich auch den Zweck solcher sprachanalytisch verfahrenden Klärungsversuche der Philosophen.

Thomas Gil stimme ich voll und ganz zu, »dass eine Analyse der Wahrnehmungssätze, der Erinnerungssätze, der Gefühls- und Erlebnissätze, der Wollenssätze und überhaupt der Aussagesätze uns helfen kann, Klärung über die verschiedenen Funktionen der Seele zu erzielen.« Natürlich stehe ich ganz auf dem Boden seiner Interpretation des Aristoteles, dass die Seele kein Seiendes ist, »sondern ein Seinsmoment am Seienden: das Wirklich- und Lebendigsein eines Lebewesens«. Ebenso stimme ich zu, dass die revolutionäre Begriffsbildung vermittels des Ausdrucks »psychischer Funktion« die Rede von Seelenteilen überflüssig macht und die es erlaubt, die Seele als »Gesamtheit von Funktionen« zu verstehen. Damit fasse auch ich die Seele nicht als Substanz auf, sondern, wie ich in meinem Haupttext schrieb, folge ich Kanzian (2009) in der Auffassung, dass Lebewesen Substanzen sind, weil sie eine unabhängige Einheit komponiert aus heterogenen Teilstrukturen sind, zu denen auch das mereologisch einfache, einheitliche Bewusstsein gehört, das sich im Vollziehen der Perspektive der ersten Person aktualisiert. Allerdings gibt es in der Philosophie keine einheitliche Auffassung dessen, was es mit Substanzen auf sich hat, weswegen man sich als Psychologin, als Psychologe eine eigene Meinung dazu bilden muss. Aber man kann auch ohne »Substanz« Psychologie betreiben.

Mit dem Verständnis der Seele als Form des Körpers wird die hylemorphistische Auflösung des erst neuzeitlich erzeugten sogenannten Leib-Seele-Problems möglich, es ist ein von der gegenwärtigen *philosophy of mind* meines Erachtens zu wenig ausprobierter Weg zwischen Materialismus und Dualismus. Die erste Frage, die diese Analyse in mir aber hervorruft, ist die nach dem begrifflichen Verhältnis von Form und Funktion. Funktion ist das Substantiv zu funktionieren und ist das Funktionieren des Sehens beispielsweise dann das Formen als Verwirklichungsmoment der Möglichkeitsmomente des Sehorgans?

Ein weiterer Gedanke regt der Text in mir an. Die Gesamtheit der Funktionen, die die Seele ausmachen, umfassen aber nicht nur die neuzeitlich sogenannten psychischen Funktionen (z. B. Wahrnehmen, Denken), sondern auch die neuzeitlich sogenannten biologischen Funktionen (Ernährung, Atmung). Bei Aristoteles findet sich nicht die Unterscheidung in biologisch und psychologisch, was meines Erachtens nicht trivialerweise daran liegt, dass es diese Wissenschaften noch nicht gab. Vielmehr meine ich, dass Aristoteles sich für die Fähigkeiten und Funktionen eines Lebewesens interessiert, deren Unterschiedlichkeit er in der Hierarchisierung der Funktionen und Fähigkeiten zum Ausdruck bringt: Die unteren Funktionen kommen allen Lebewesen zu, auch den Pflanzen, die höchste, das Denken, nur dem Menschen. Ich halte es für wichtig, dass damit die, modern gesprochen, psychischen und biologischen Funktionen, in einem Konzept zusammengefasst werden, der Seele. »Seele« ist für mich mehr als ein *colligation concept*, sondern »Seele« bezeichnet die dynamische Organisation einer Art von Körper, die uns berechtigt, diese Körper als Lebewesen zu bezeichnen. »Seele« ist für mich von daher ein theoretischer Grundbegriff der Lebenswissenschaften, die allerdings lieber von »Organismus« oder gleich »Lebewesen« reden. »Seele« ist von daher keine eigenständige Entität genauswenig wie die Organisation einer Universität X eine eigenständige Entität ist. Ohne eine bestimmte Organisation gibt es aber keine Universität X. Organisation wieder ist die Struktur eines Systems, das von anderen Systemen abgegrenzt werden kann. Insofern ist die Seele ein dynamisches System, das mit der aristotelischen Auffassung von Seele kompatibel ist (vgl. Busche, 2001). Ob die Auffassung der Seele als dynamische Organisation des Körpers eine Interpretation von »De anima« ist, die die Lehre des Aristoteles korrekt wiedergibt, kann ich nicht sicher beurteilen, da ich kein Spezialist für die Interpretation von Aristoteles bin. Toepfer (2011) weist darauf hin, dass Aristoteles nicht über einen Organismusbegriff verfügt, der unserem heutigen entspricht, der zentral um die Bedeutungen von Struktur, Organ und Funktion herum aufgebaut ist. Zwar nehme »das Konzept des Lebewesens eine zentrale Stellung bei ihm ein. Und über das Konzept der Seele und der Seelenteile bringt Aristoteles die Lebendigkeit und die Grundfunktionen der Lebewesen auf einen Begriff. Erklärungsgrundlage bleibt aber das zentrale Einheitsprinzip der Seele, die sich des Körpers als eines Instruments bedient. – Ein Organismus ist aber ein dezentriertes System, dessen Einheit allein auf dem Verhältnis der Interaktion, der Wechselseitigkeit seiner Teile beruht« (Toepfer, 2011, S. 146). Toepfer meint, dass die Interpretation der aristotelischen Seele als »Organisationsstruktur« leicht »an den Rand einer Projektion des neuzeitlichen Organismusmodells auf die aristotelische Vorstellung des Lebewesens« gerate. »Denn anders als das neuzeitliche Modell gibt Aristoteles keine Erklärungen der Lebensfunktionen auf der Grundlage der Interaktion der Teile eines Lebewesens« (S. 164). Es mag sein, dass es sich hier um eine Regression handelt, wie Toepfer die Interpretation eines klassischen wissenschaftlichen Textes im Lichte präsenter wissenschaftlicher Erkenntnisse nennt. Meines Erachtens kann man die aristotelische Seele aber modern interpretieren und vielleicht ist es dann besser, von einem neo-aristotelischen Konzept Seele zu sprechen, und es ist ja auch nicht von großem Nachteil, dass man über solche Zuordnungen eine gewisse Übersicht zum Beispiel verschiedener Seelenkonzepte ermöglicht. Sicherlich ist es diskussionswürdig, ob die Ersetzung des Seelenbegriffs durch das neuzeitliche Organismuskonzept generell akzeptabel ist. Die Stärke des Seelenkonzepts des Aristoteles sehe ich gerade in seiner hierarchisch zu lesenden semantischen Mehrebenenbedeutung und somit in seinem integrativen Potenzial. Es mag sein, dass der Seelenbegriff nicht alle biologischen Erkenntnisinteressen zu befriedigen vermag, weil er einige wichtige Merkmale von Lebewesen zu ungenau oder gar nicht einbezieht. Aber er umfasst auch psychische Funktionen und, so meine ich, geistige Funktionen, die über die Biologie hinausgehen, das Denken von Gedanken, für die die Biologie und Psychologie keine Erklärung liefert. Das allerdings macht einen neuen Diskussionsstrang auf, den ich aber sehr interessant finde.

Für mich taucht die weitere Frage auf, ob eine Sprachanalyse ausreicht, um die Struktur psychischer und biologischer Funktionen zu ermitteln.

Ich bezweifle, dass Aristoteles streng zwischen biologischer und psychischer Funktion unterscheiden würde, wo wäre da auch die Grenze zu ziehen? Denken ist nach ihm die vorzüglichste Leistung eines Lebewesens, also Ausdruck des Lebendig-Seins. Was nicht lebt, kann nicht denken, wobei nicht alles, das lebt, denkt, aber alles, das lebt, ist beseelt, also es weist psychische Funktionen auf. Dies trifft auch auf die häufigste Lebensform der Erde zu, die Einzeller, die sich nicht nur ernähren, sondern deren Bewegungsmuster mit den energetischen Änderungen ihrer Umwelt kovariieren, zum Beispiel in den Weisen der Photo- und Chemotaxis. Dieses sind Formen von Proto-Orientierung und geregelter Bewegung, welche als Wurzeln der sensomotorischen Intelligenz anzusehen sind. Diese biologischen und psychologischen Funktionen sind durch die Evolution von Vielzellern nicht verschwunden, sondern in ihrer Komplexität hierarchisch gestuft worden. Darauf hat zum Beispiel der genetische Epistemologe, Biologe und Psychologe Jean Piaget hingewiesen.

Die Biologie mit ihren Methoden der Beobachtung, des Experimentes, der Systematik und Systemforschung und ihrem theoretischen Rahmen, der Evolutionstheorie, konstatiert als die beiden allgemeinsten biologischen Funktionen die Selbsterhaltung und die Reproduktion eines biologischen Individuums, wobei zwischen (biologischen) Individuen und Arten sowie zwischen Phylogenese und Ontogenese zu unterscheiden ist.

Die biologische Funktion der Selbsterhaltung wird durch die semipermeable Abgrenzung einer inneren Organisation gegen eine äußere Ordnung verwirklicht, denn wenn letztere chaotisch wäre, wäre sie lebensfeindlich und würde keine Selbsterhaltung ermöglichen. Selbsterhaltung deckt sich weitgehend mit der Adaptation an die Umgebung, die von Piaget (1967/1983) als allgemeinste und invariante biologische und psychologische Funktion bezeichnet wurde, die den Referenzpunkt aller psychischen Funktionen darstellt. Die biologische Funktion der Adaptation gliedert Piaget in die beiden invarianten Funktionen der Assimilation und der Akkommodation. Dieses Funktionsgefüge kennzeichnet nicht nur die basalen physiologischen Funktionen eines Organismus wie den Stoffwechsel, sondern auch die höheren und höchsten kognitiven Funktionen. Das ist die Kernthese von Piaget, dass es eine zumindest partielle Isomorphie zwischen den basalen biologischen und den höchsten psychischen Funktionen gibt, zu denen das mathematische Denken gehört. Beide stehen im Dienste der Selbsterhaltung des Organismus und dienen der Adaptation an die Umwelt. Alle kognitiven Funktionen partizipieren an der Funktion der Assimilation und Akkommodation und bilden variable kognitive Strukturen aus, deren Einheiten variabler Größe die Schemata sind, zu denen zum Beispiel das Greifschema gehört oder das Schema des Lösens einer linearen Gleichung.

Erzielt das Funktionieren, worunter Piaget die Aktivität organismischer Strukturen versteht, Erfolg, sind die Hauptfunktionen Assimilation und Akkommodation im Gleichgewicht, wenn nicht, dann wird die Äquilibration angestrebt. Das Streben nach Äquilibration trifft sowohl für physiologische als auch für kognitive Funktionen zu, zum Beispiel beim Verwirklichen einer Absicht oder bei Erwartungen, die ähnlich zu mathematischen Funktionen erst dann »abgeschlossen« oder gesättigt sind, wie Gottlob Frege sagen würde, wenn entsprechende Werte eingesetzt werden.

Nach Piaget »ist die Funktion die vom Funktionieren eines Substruktur auf das Funktionieren einer Gesamtstruktur ausgeübte Wirkung, sei diese Gesamtstruktur nun selbst wieder eine die erste mit umfassende Substruktur oder die Struktur des Organismus als ganzem. Man wird z. B. von der Funktion des Magensafts bei der Verdauung oder auch von der Atmung als allen Lebewesen gemeinsame Funktion sprechen, was zu der Frage veranlaßt, ob Wesen wie die Viren, die über die Fähigkeit zur Assimilation (eine noch sehr viel umfassendere Funktion), nicht aber die Atmung verfügen, noch zu den Lebewesen gehören.

Diese Definition bedarf indes einer dreifachen Ergänzung: Erstens entspricht die Wirkung des Funktionierens einer Substruktur nur dann einer Funktion, wenn dieses Wirken ›normal‹ ist, d. h. der Bewahrung oder Erhaltung der Struktur dient, von der die Substruktur ein Teil ist. So spielt z. B. der Magensaft in seiner Wirkung auf die Gesamtstruktur keine funktionelle Rolle mehr, wenn er im Übermaß vorhanden oder pathologisch verändert ist.

Zweitens, wenn der Begriff der Funktion nicht mehr auf eine spezielle Substruktur, wie den Magensaft, angewendet wird, sondern auf ein Ensemble verschiedener möglicher Substrukturen, etwa wenn man von der ›Atemfunktion‹ spricht, bezeichnet dieses Wort Funktion nicht mehr eine einzige Gruppe besonderer Wirkungen, sondern eine ganze Klasse analoger, sowohl virtueller als auch aktueller Wirkungen, die alle gleichermaßen dem Kriterium der Normalität oder der Nützlichkeit in bezug auf die Erhaltung der Gesamtstruktur unterworfen sind.

Wenn der Funktionsbegriff so mit der Bedingung der Normalität oder der Nützlichkeit verbunden ist, bedeutet, das drittens, daß er nur in einem Organisationszusammenhang einen Sinn haben kann. Es ist dann auch möglich, von der Funktion des Organisation zu sprechen (im Gegensatz zu den besonderen Organisationsstrukturen oder auch zu den noch unbekannten allgemeinen Gesetzmäßigkeiten jeder Organisationsstruktur). Da es aber in der Biologie keine Wirkung ohne Wechselwirkung gibt, können wir, die obige Definition ausweitend, sagen: wenn die spezialisierten Funktionen aus Wirkungen des Funktionierens einer Substruktur auf das Funktionieren einer Gesamtstruktur bestehen, ist umgekehrt die Organisationsfunktion die Wirkung (oder die Klasse von Wirkungen), die das Funktionieren der Gesamtstruktur auf das der von ihr umfaßten Substrukturen ausübt« (Piaget, 1967/1983, S. 143 f.).

Es gibt auch keine Funktion ohne Struktur, aber die Funktion liefert erst die Kriterien, mit deren Hilfe sich die funktionstragenden Strukturen identifizieren lassen. Strukturen können die Funktion wechseln, so die Schwimmblase der Dipnoer, die die Rolle einer Lunge spielt (Piaget, 1967/1983), es gibt also unterschiedliche Strukturen, verschiedene Organe, die die gleiche Funktion ausüben. Die benutzten Strukturen, so Piaget, sind die Elemente einer Funktion.

Im Historischen Wörterbuch der Biologie wird Funktion wie folgt definiert:

> »Eine Funktion ist eine systemrelevante Wirkung einer Komponente in einem organisierten System, d. h. diejenige Wirkung in einem System von wechselseitig voneinander abhängigen Teilen (oder Prozesstypen), die zur Aufrechterhaltung der anderen Teile (Prozesstypen) des Systems und damit, wegen der wechselseitigen Abhängigkeit der Teile, auch zur eigenen Erhaltung beiträgt« (Toepfer, 2010, S. 644).

Zwischen Struktur und Funktion gibt es folglich keine einfachen Beziehungen, das Verhältnis Struktur und Funktion scheint analog zur Beziehung von (materiellem) Muster und Bedeutung zu sein. Vielmehr muss man von einem Funktionskreislauf ausgehen. Bei Lebewesen, die sich selbst bewegen können, ist die Nahrungsaufnahme auf Wahrnehmung angewiesen und die Wahrnehmung funktioniert nur, wenn die Nahrungsaufnahme erfolgreich ist. Ein weiterer Funktionskreislauf besteht zwischen Sensorik und Motorik bei Wesen, die zur Lokomotion fähig sind (sog. »autonome Agenten« in der Robotik, Braitenberg, 1993, demonstriert anhand von Kunstwesen, sog. »Vehikel«, wie sich aus einfachen Rückkopplungsverschaltungen aus Sensoren und Aktoren/Effektoren bioforme Bewegungsmuster ergeben, aufgrund deren man »psychische« Funktionen wie »Suchen«, »Vermeiden« usw. zuschreiben kann. Inspiriert haben Braitenberg Einzeller wie Pantoffeltierchen, die ebenfalls einfache Strukturen vom Typ »Sensor« und »Aktor« aufweisen).

Generell sind bei solchen »autonomen Agenten« Informationsverarbeitung (kognitive Funktionen) und Energiegewinnungs- und -nutzungsfunktionen (Funktionsgruppe der organismischen Bedürfnisse wie Hunger und Durst) mit einander verschränkt. Zusammen mit dem Schutz vor ungünstigen Umgebungsverhältnissen und dem Aufsuchen und Nutzen von günstigen bilden sie die Funktionsgruppe der Existenzsicherung (Selbsterhaltung durch Adaptation), im Fall des Menschen aufgrund der kulturellen Umgebung kommt die Funktionsgruppe der Existenzerweiterung hinzu, die schon über die Funktion der Neugierde angelegt ist. Im Fall sozialer Lebewesen lassen sich psychische Funktionen nicht mehr unabhängig von sozialen Funktionen beschreiben, was beim Menschen am eindrücklichsten im Fall der Sprache festzustellen ist. Die Funktion der Sprache geht ebenfalls quer durch alle von Thomas Gil genannten Funktionen hindurch, die Abgrenzung von Denken und Sprechen ist beispielsweise im Fall der Denkfunktion nur schwer möglich. Die sprachliche Intelligenz ist zusammen mit der räumlichen Intelligenz die allgemeinstmögliche Beschreibung menschlicher Intelligenz. Das Lesen beispielsweise ist eine Funktionserweiterung der Sehfunktion, die nicht ätiologisch, historisch, im Sinne einer *proper function* der Teleosemantik erklärt werden kann, derzufolge Funktionen primär über ihre (erfolgreiche) Selektionsgeschichte identifiziert werden (vgl. u. a. Samson u. Detel, 2002). Demzufolge werden aber nicht selektierte Merkmale von Organismen als Funktionen ausgeschlossen, was aber eine funktionale Analyse unnötig schwächt. Lesen ist eine kulturell entwickelte Fähigkeit, die nicht nur eine Funktion des Sehsinnes ist, sondern auch über den Tastsinn realisiert werden kann, die als Kulturtechnik in Form von Tradition (insbesondere über mehr oder weniger formale, meist institutionalisierte Unterrichtung) weitergegeben wird.

Eine Struktur wie die Zähne kommt in verschiedenen Funktionskreisen vor wie Kauen, sich verteidigen, Lautartikulation. Umgekehrt kann eine Funktion von verschiedenen Strukturen ausgeführt werden, wie zum Beispiel die Lokomotion von den Beinen und den Flügeln der Vögel oder der Schutz von der Tarnfärbung oder durch Flucht eines Organismus. Das deutet darauf hin, dass biologische Funktionen plurifunktional (Holenstein, 1983) sind, was erst recht für psychische Funktionen zutrifft. Die möglichkeitsreichste psychische Funktion ist das Denken, das letztlich alle Funktionen und Strukturen eines komplexen Organismus, insbesondere diejenigen des Gehirns, beansprucht. Das Gehirn ist ein Erkenntnisorgan und plurifunktional, da es schier unendlich viele

Muster erzeugen kann und ohne Muster kann keine Bedeutung getragen werden, wie ein Blick auf die Materialität aller Zeichen verdeutlichen kann. Wie erwähnt, lässt sich diese Funktion nicht von der Sprache trennen. C. S. Peirce ging sogar noch weiter, als er behauptete, man könne ohne Zeichen nicht denken (Oehler, 1993), was Denken und die mit Denken verbundene sprachliche Intelligenz zu einer allgemeinen semiotischen Funktion macht, die alle anderen psychische Funktionen dominiert, wenngleich sie von diesen abhängig und in diesen fundiert ist. Bedenken sollte man auch bei einer Funktionalanalyse, zwischen »x hat eine Funktion« und »x ist eine Funktion« (Holenstein, 1983). Letztere Verwendung findet sich meist in der Psychologie als Synonym zu »Fähigkeit«, auch in unserer alltäglichen Psychologie, wie Thomas Gil herausstellte, erstere Verwendung meist in der Biologie, wenn von Organen die Rede ist, oder in der Technik, wenn von Werkzeugen die Rede ist.

Identifikation von Funktionen: Das Problem der variablen Korrespondenz von Struktur (Funktionsträger) und Funktion

Es ist, das deuten die vorausgehenden Ausführungen an, schwierig bis unmöglich, Funktionen so zu identifizieren wie Strukturen oder Erscheinungen. Man kann die Hand genau beschreiben, die Zähne, das Herz, die Blutgefäße und im Bereich der Psychologie kann man prüfen, ob jemand rot von grün unterscheiden kann, man kann einen Erlebnisbericht und eine Erfahrungsmitteilung registrieren, man kann die Verhaltensweisen und das Reden anderer beobachten und ebenfalls registrieren. Man kann in Medizin und Psychologie Funktionsdiagnostik betreiben, zum Beispiel die Güte der Herzfunktionen, die Sehschärfe und das räumliche Sehen auf ihr Funktionieren hin diagnostizieren. In der Anatomie gelingt es, bestimmten Körperteilen Funktionen zuzuordnen, zum Beispiel dem Herz das Pumpen von Blut. Aber schon ein System aus Körperteilen wie das Skelettsystem hat mehr als eine Funktion, das Aufrechterhalten der Stabilität des Körpers, aber auch die Funktion der Lokomotion und der Widerstand gegen äußere Krafteinwirkungen. Das Gehirn dient zum Beispiel ebenso der innerorganismischen Regulation wie dem Atmen, dem Blutdruck und der Bildung diverser Hormone, aber auch der Wahrnehmung von Reizen aus der Umwelt, der Bewegungskoordination, dem Sprechen und dem Erinnern. Toepfer bezeichnet es als »ein hoffnungsloses Unterfangen, die funktionalen Bezüge, in die ein Organismus zu stellen ist, in direkte Korrespondenz mit strukturellen Systemen zu bringen« (Toepfer, 2010, S. 647). Dies trifft beispielsweise für die menschlichen Hände zu oder für das phonetische Artikulationssystem, das die Struktur der Sprechfunktion ist. Dies trifft in verschärftem Maße für die Neuropsychologie zu. Es gelingt nicht, eine eineindeutige Zuordnung von neuronalen Strukturen und psychischen Funktionen herzustellen, allenfalls finden sich ansatzweise bei »einfachsten« Funktionen wie dem Kiemenrückzugreflex beim wirbellosen Tier Seehase relativ konstante Zuordnungen. Doch diese Art der Psychoanatomie lässt sich nur bedingt bei komplexen Organismen und komplexen Funktionen wie Denken und Sprechen anwenden, komplexere psychische Funktionen lassen sich nicht mehr über körperliche, insbesondere neuronale Strukturen identifizieren. Andere psychische Funktionen lassen sich durch das Beobachten des Verhaltens, Tuns und Handelns identifizieren. Sehen und Hören kann man vom eigenen Erleben her und aus der Perspektive der dritten Person identifizieren, zum Beispiel indem man Seh- und Hörtests durchführt. Töne kann man eben nicht mit den Augen unterscheiden, wenn man die Augen schließt, sieht man nur noch »Eigengrau«, wenn man sich die Ohren verschließt, hört man kaum mehr oder gar nicht. Solche Sinnesfunktionsprüfungen kann man an anderen gut durchführen, vor allem wenn man entsprechende technische Hilfsmittel einsetzt. Die Unterscheidungsfunktion der Sinne kann man gut in der Psychophysik erforschen. Genauso kann man untersuchen, wie schnell etwas erkannt wird, wie viel Zeit die Bildung eines »Eindrucks«, eines Perzeptes braucht, wie gut und wie lange man sich an welche Materialien erinnern kann, wie gut und wie schnell man »im Geiste« Bilder und Strukturen auf Gleichheit hin beurteilen kann usw.

Für Psychologinnen, Psychologen ist es nicht ausreichend, psychische Funktionen durch die Analyse des Gebrauchs mentaler Termini zu identifizieren und zu klären. Allerdings ist diese Methode unentbehrlich und wird gerne in ihrer Wichtigkeit von Psychologen unterschätzt, um vernünftig mit dem Begriff der psychischen Funktion umgehen zu können, aber auch, um einen Anschluss für weitergehende empirische Forschung zu finden. Aristoteles gab ein Kriterium an, um Funktionen identifizieren zu können. Es ist dasjenige, was aus dem Funktionieren resultiert, das Leistungsprodukt, das Werk oder *ergon* einer Funktion. Thomas Gil nennt auch »geistige Fähigkeit« als synonym zu »psychischer Funktion« und es ist eine traditionelle Aufgabe der modernen Psychologie, die Struktur mentaler Fähigkeiten, insbesondere des Menschen, zu erforschen. Eine Leistungsfähigkeit wird anhand ihrer Leistungserbringung identifiziert. Die Fähigkeit, zu sprechen, erkennt man an ihren Produkten, dem Sprechen und dem Gesprochenen, so wie man die Fähigkeit, ein guter 100-Meter-Läufer oder eine gute 100-Meter-Läuferin zu sein, an der regelkonform erlaufenen Zeit für 100 Meter erkennt und dies mit den statistisch ermittelten alterstypischen Laufzeiten vergleicht. Das Schema dieser Fähigkeitszuschreibung wird an allen Bildungs- und Ausbildungseinrichtungen angewendet, wobei ein kulturrelativer Güte- und Tüchtigkeitsmaßstab angelegt wird, ohne den nicht von einer Leistung gesprochen werden kann, so dass Leistungen des Menschen immer ein normatives Bewertungs- und Vergleichsmoment beinhalten. Die Struktur menschlicher mentaler Fähigkeiten, die allen Leistungen zugrunde liegen, wird in der Psychologie als Intelligenz bezeichnet, oder auch als kognitive Fähigkeitsstruktur. Damit wird die oberste Funktion vieler psychischer Funktionen genannt, die kognitive Funktion, zu der die auch von Thomas Gil analysierten wie Wahrnehmung, Erinnern, Wollen und Denken gehören, aber auch Fühlen und Erleben.

Das Erleben ist selbst eine wesentliche Quelle der Identifizierung psychischer Funktionen, wie es auch die Phänomenologie erfolgreich nahe legt, weswegen man schon aus methodischen Gründen sich auf sein eigenes Erleben beziehen kann, denn Phänomene als Erleben mag man oft im phänomenalen Draußen verorten, aber es gibt auch das phänomenale Drinnen. Dazu gehören Vorstellungen, die natürlich auf das engste mit dem Gedächtnis verbunden sind, so dass Vorstellungen die Vergegenwärtigung von Abwesendem erlauben, wohingegen Sehen stets den sensorischen

Kontakt zu dem Gesehenen im Hier und Jetzt erforderlich macht. Vorstellen scheint mir auch eine psychische Funktion zu sein, sogar eine sehr zentrale. Man weiß, wie es ist, einen Apfel zu sehen, und man weiß, dass man eine Melodie hört und nicht sieht, man kann zwischen »einen Apfel sehen« und »sich einen Apfel vorstellen« unterscheiden, da man letzteren unter anderem nicht essen kann. Schon Aristoteles weist darauf hin, dass wir bemerken, dass wir wahrnehmen, und Brentano bezeichnete das als »innere Wahrnehmung«. Ich erwähne in meinem Haupttext eine der wenigen bedeutenden Arbeiten aus der modernen Psychologiegeschichte, die überhaupt etwas näher über den Begriff psychische Funktion nachgedacht haben, Stumpfs Text »Erscheinungen und psychische Funktionen« (1907). Stumpf betont auch an der Sprache orientiert, dass man Erscheinungen wie »Sehdinge« vom Sehen selbst gut unterscheiden kann. Es gibt also durchaus eine Grundlage im Erleben, zwischen Erscheinungen und psychischen Funktionen zu unterscheiden. Man erlebt deutlich, dass mit dem Wechsel des Blickes die Erscheinungen wechseln, aber dass das Sehen durchgehend funktioniert, sofern man nicht die Augen schließt oder schläft. Genauso ist das Lesen eine Sehfunktion, die man unterscheiden kann von den Wörtern, die man nacheinander liest. Die Wörter als Erscheinungen, die durch die Sehfunktion Lesen realisiert werden, sind nicht die Funktion Lesen, sondern erfolgreiche Verrichtungen, Produkte, der Funktion Lesen.

Die Ausführungen zur Wahrnehmungsfunktion beschränkte Thomas Gil auf das Sehen, was durchaus zweckmäßig ist. Dennoch suggeriert die Auffassung der Wahrnehmung als eine psychische Funktion eine Einheitlichkeit, die es nicht gibt. Bis heute ist keineswegs restlos geklärt, wie viele Sinnessysteme es gibt, und vor allem ist nicht geklärt, wie die Sinnessysteme zusammenwirken, so dass eine intermodal vermittelte Wahrnehmung entsteht. Hierzu gehört auch das komplexe System der Propriozeption. Diese verdeutlicht, dass Wahrnehmen nicht ohne motorisches System verstanden werden kann, denn die Sinne werden meist bewegt, die Augen sind auch motorische, nicht nur sensorische Teilsysteme der Sehfunktion. Die empirische Wahrnehmungsforschung und Psychomotorik lehrt, dass man nur eingeschränkt von einer Wahrnehmungsfunktion sprechen kann. Wahrnehmung wird vom motorischen System kontrolliert, es steht im Dienste erfolgreicher Körperbewegungen und -artikulationen und hat nicht den Zweck, die Umwelt abzubilden, was unsere häufig kontemplative Auffassung des Erkennens als Darstellung, als Repräsentation nahelegt, sondern der Zweck ist, bestimmte Umweltgegebenheiten bewegend zu erreichen, Ziele zu treffen, die der Existenzsicherung des Individuums und der Art dienen. Daher sollte man von einer sensomotorischen Funktion sprechen.

Auch der Unterschied zwischen Wahrnehmen und Erkennen (am Beispiel des Sehsinnes: etwas sehen und etwas als etwas sehen) legt nahe, dass die psychischen Funktionen Wahrnehmen und Urteilen eng verbunden sind. Die Wahrnehmungsforschung zeigt, dass Unterscheiden stets mit Entscheiden verbunden ist, das Wahrnehmen dient dem Erkennen, das wiederum ohne Gedächtnis nicht möglich ist, ein Großteil des Erkennens ist Wiedererkennen (Assimilation nach Piaget). Schließlich führen wir mit unseren Sinnen auch Realitätstests durch, wenn wir Identifikationen nicht trauen oder nicht sicher sind, ob wir etwas erkannt oder einen Unterschied festgestellt haben. Wir können an ein Objekt näher herangehen und es zusätzlich in die Hände nehmen und daran riechen, wenn wir zum Beispiel zweifeln, ob das Objekt, das ich drüben auf dem Tisch sehe ein echter Apfel ist oder eine Apfelimitation aus Wachs, die als Kerze dienen kann.

Letztlich muss in jeder Situation entschieden werden, ob man ihr verbleibt oder ob man sie verlässt. Geht man aus der Situation, muss man entscheiden, wohin man gehen will, man muss also einem vorgestellten oder auch schon wahrnehmbaren Ziel folgen. Insofern ist Navigieren durch den Raum nicht nur ein Freizeitvergnügen für Hobbysegler oder Hobbypiloten, sondern etwas, das wir fast ständig tun (müssen). Dazu muss man zahlreiche Selektionen vornehmen: Welches von den vielen Wahrnehmungsobjekten, welche Orte und Bereiche des Umraumes wählt man aus (Wahrnehmungsselektion), welche Mittel wählt man, um ein gegebenes Ziel zu erreichen (Handlungsselektion). Hier öffnet sich der physische Umraum in den sozialen und symbolischen Raum, in dem das Zwischenfeld, was eine Person P_1 von einer anderen Person P_i trennt, hinsichtlich Nähe und Distanz oft recht mühevoll kognitiv und emotional strukturiert werden muss bzw. vorhandene soziale

Zwischenfeldstrukturen, die soziale, symbolische Medien sind, erkannt werden müssen.

Dank langjährig aufgebauter und stabilisierter Gewohnheiten wird uns die Fülle ständig zu treffender Entscheidungen nicht bewusst, erst bestimmte Störungen verdeutlichen die Komplexität der antizipatorischen Verhaltenssteuerung. Diese Selektionsfunktion wird der Aufmerksamkeitsfunktion zugeschrieben, die gewissermaßen horizontal durch die von Thomas Gil genannten Funktionen durchgeht. All diese Funktionen funktionieren nur, wenn sie das sich ständig stellende Selektionsproblem lösen. Ein Teil lösen die Sinnessysteme selbst, da sie eine eingebaute Selektivität haben, filternd wirken (z. B. kann man nur einen kleinen Ausschnitt aus dem Spektrum elektromagnetischer Wellen als Licht wahrnehmen, einen kleinen Ausschnitt von Druckwellen als Töne). Ein Teil wird durch Bewegung gelöst, ein Teil durch Denken, ein Teil durch Gewohnheiten und Reflexe. Aufmerksamkeit wird häufig als zentrale Funktion des Bewusstseins genannt, das auch als psychische Funktion verstanden werden kann. Dessen wesentliches Kontrollmittel ist die Sprache, die alle psychischen Funktionen des Menschen durchdringt und gestaltet. In der Sprache drücken sich die semiotischen Fähigkeiten des Menschen aus, die bestimmend und gestaltend für die kognitiven Funktionen sind. Die Intelligenzforschung findet konsistent, dass die Sprache eine zentrale Funktionsgruppe ist, die eine Vielzahl kognitiver Leistungen des Menschen erklärt, zusammen mit dem räumlichen Denken und der Informationsverarbeitungsgeschwindigkeit.

Information und Psychisches als Informationsverarbeitung

Allerdings ist der Begriff der Information in der Psychologie zwar ubiquitär, aber er wird nicht kritisch reflektiert und nicht explizit als Grundbegriff der Psychologie normierend definiert (kritisch zum Informationsbegriff: Janich, 2006). Psychisches wird als Informationsverarbeitung verstanden. Meiner Meinung nach kann man sich das wie folgt klar machen: Nach Holger Lyre (2002) kann Information als Binarität verstanden werden, das die Grundelemente kognitiven Geschehens, Unterscheiden und Entscheiden, kennzeichnet. Jede Unterscheidung ist eine Alternative, jede Beschreibung jedes beliebigen Sachverhaltes besteht in der strukturierten Menge von Alternativen. Das Gleiche trifft formal für Entscheiden zu: Entweder man tut h oder man tut h nicht, oder man wählt aus x und y aus, etwa x und nicht y. »Eine einfachste, überhaupt mögliche Unterscheidung werde Binarität genannt. […] Information ist ein Maß für den Grad an Unterscheidbarkeit. Ihre Einheit ist das bit. Das Bit ist die Informationsmenge einer Binarität« (Lyre, 2002, S. 197). Der Zusammenhang zwischen Zeitlichkeit und Information hängt mit dem Zusammenhang zwischen Unterscheidbarkeit und Information wie folgt zusammen: »Unterscheidbarkeiten der Zukunft werden potenzielle Information, Unterscheidungen der Vergangenheit aktuelle Information genannt« (S. 198). Der Übergang von potenzieller zu aktueller Information charakterisiert ganz abstrakt den zeitlichen Fluss von Information. Es gibt auch noch andere apriorische Voraussetzungen der Erkenntnis, so den Satz von der Identität und den Satz vom Widerspruch, aber Unterscheidbarkeit und Zeitlichkeit sind wesentliche Vorbedingungen zur Begründung des Informationsbegriffs.

Erforschung menschlicher Leistungen

Die Maße, die die Grundlage zur Erforschung menschlicher Leistungen sind, sind die Qualität der Leistungsprodukte, die nach richtig oder falsch, nach der Anzahl der Fehler, also der Genauigkeit und einem Gütestandard beurteilt werden sowie die Geschwindigkeit der Leistungserbringung. Im letzteren Fall hat sich die sogenannte mentale Chronometrie seit dem 19. Jahrhundert bemüht, aus der Analyse von Reaktions- und Präsentationszeiten Rückschlüsse auf Prozesse und Strukturen der Leistungserbringung zu ziehen, die uns im Erleben nicht gegeben sind. Dazu gehören vor allem Prozesse der Perzept- und Entscheidungsbildung, Gedächtnis- und Schemaaktivierungen, Orientierungs- und Selektionsleistungen, generell alle Prozesse der Leistungserbringung, die wir nicht erleben. Es ist nur rudimentär erlebbar, wie ein Gedanke in eine Aussage »übersetzt« wird oder welche Prozesse beim Lesen dieser Zeilen in Ihrem Kopf ablaufen. Wie wird aus dem hier aufgedruckten Schwarzweißmuster das Verständnis (hoffentlich) in Ihrem Kopf (oder?) erzeugt? Lesen ist kein schlechtes Modell, um sich das komplexe Verhältnis von Wahrnehmen und Erkennen klar zu machen. Diese kognitive Undurchdringlichkeit aus der Perspektive der ersten Person kann aus der Perspektive der dritten Person mit experimentellen Beobachtungs- und Manipulationstechniken teilweise überwunden werden. Die Unterscheidung zwischen Wahrnehmung als rezeptive psychische Funktion und dem Denken als spontane, aktive psychische Funktion ließ sich nicht mehr aufrechterhalten, da Wahrnehmen nicht passiv ist, sondern stets mit unwillkürlichen und willkürlichen Selektions- und Suchprozessen verbunden ist.

Mit dem Aufkommen von Kybernetik, Automaten- und Informationstheorie wurden psychische Prozesse, insbesondere kognitive, als Informationsverarbeitungs-prozesse und als computational verstanden. Alle psychischen Funktionen funktionieren nach dieser Konzeption auf gleiche Weise, auch wenn wir das anders Erleben sollten. Sie dienen dem gleichen Zweck, der Errechnung mentaler, semantischer Modelle erster Ordnung der Umgebung des Organismus, und der Organismus-Umgebungs-Beziehung, zu der auch die Antizipation von Effekten und Folgen des Handelns zählt sowie die Kontrolle der Energetisierung der Informationsverarbeitung, die sich phänomenal als Primärbedürfnisse äußern. Psychologie und Biologie sind dann Früchte menschlicher Erkenntnistätigkeiten, deren Zweck die Erstellung und Prüfung semantischer Modelle zweiter Ordnung über semantische Modelle erster Ordnung als Objekt der Modellierung ist. Es ist eine an der Kybernetik orientierte Kybernetik zweiter Ordnung, die Theorie dynamischer, selbstorganisierender Systeme, der Morpho- und Psychogenese.

Damit zeichnet sich auch in der Modellbildung einer kognitiven Funktionsarchitektur eine Gliederung psychischer Funktionen ab, die nur teilweise mit derjenigen übereinstimmt, die aus der Anwendung der sprachanalytischen Methode stammt. Welcher ist der Vorzug zu geben? Natürlich hängt diese Modellbildung auch von der Sprache ab, der wissenschaftlichen Fachsprache. Auch ist bei der psychologischen Modellbildung ein reflektierendes Verhältnis zu beachten: Das Modell als Resultat der Modellbildung muss auch die Mittel der Modellbildung sowie die Fähigkeit zur Modellbildung modellieren und enthalten sowie für diese gültig sein, weswegen für die psychologische Modellbildung eine Kybernetik zweiter Ordnung zu wählen ist.

Aus der sprachanalytischen Vorgehensweise erschließt sich nicht allein, wie die psychischen Funktionen zusammenhängen und zusammenwirken, vor allem, auf welcher Abstraktionsebene und mit welchem Allgemeinheitsgrad sie beschrieben werden sollten. Es ist so, dass die psychischen Funktionen begriffsanalytisch und von unserem Gebrauch mentaler Wörter her identifiziert und unterschieden werden können, aber wird damit das Funktionieren der Funktionen ausreichend für die empirische Erforschung derselben erfasst sowie deren Abhängigkeiten voneinander? Wenn man sich für das Wie des Funktionierens der psychischen Funktionen interessiert, wird man nicht darum herum kommen, teilweise von der Alltagsbedeutung mentaler Termini abzuweichen, was man zum Beispiel schon an der sehr häufigen Verwendungsweise des Wortes »Informationsverarbeitung« in der Psychologie feststellen kann, ohne dass dieser Begriff zufriedenstellend in der Psychologie geklärt wäre.

Bedeutung von Funktion

»Als Ergebnis einer ›Wortfeldanalyse‹ von ›Funktion‹ kann festgehalten werden, dass Funktionen nur Entitäten zugeschrieben werden, die ›nichtselbständig‹ sind. Diese Eigenschaft verbindet insbesondere die in mathematischen und in biologischen Kontexten ›Funktionen‹ genannten Relationen. Bereits G. Frege stellt 1891 in Bezug auf mathematische Funktionen fest, diese bezeichneten etwas, das ›unvollständig, ergänzungsbedürftig oder ungesättigt‹ ist. Außerdem stellt der biologische Funktionsbegriff ebenso wie der mathematische eine Ordnung her: mathematische Funktionen zwischen den Elementen verschiedener Mengen; biologische Funktionen innerhalb der Vorgänge des Organischen. Mathematische und biologische Funktionen sind offene Ordnungsschemata, die von ›Argumenten‹ gefüllt werden und erst zusammen mit diesen ein ›vollständiges Ganzes‹ bilden. Die Argumente sind im mathematischen Fall z. B. Zahlen, im biologischen Fall sind es morphologische Strukturen und physiologische Prozesse. Während die Argumente die mathematischen und biologischen Variablen darstellen, sind die Funktionen die Konstanten: Die Organismen weisen zwar höchst unterschiedliche Formen und Verhaltensweisen auf, die Funktionen, in die diese gestellt werden, sind aber in biologischer Perspektive immer die gleichen« (Toepfer, 2010, S. 647 f.).

Ein Ereignis oder eine Struktur lässt sich dann als Funktion kennzeichnen, »wenn es in regelmäßiger und charakteristischer Weise für ein System nützlich ist. Funktionsaussagen beziehen sich also (meist) nicht auf einzelne Fälle, sondern sie betreffen eine allgemeine Systematisierung eines Teils in einem System. Die allgemeine Zuschreibung der Funktion der Lokomotion zu einem Bein wird daher nicht dadurch aufgehoben, dass es in einer Situation für einen Organismus vorteilhaft ist, dass er nicht laufen kann« (Toepfer, 2010, S. 647). Wenn x funktional ist, muss x noch lange keine Funktion sein.

Aristotelische Funktion

Mit John B. Maund (2000) kann man eine Funktion als eine aristotelische wie folgt definieren:

Wie bei Artefakten gibt es bei Organismen O bestimmte Merkmale (sog. traits), x, die gut dafür geeignet sind, y zu realisieren.

(a) x ist ein Merkmal, Organ, ein Organsystem, das y realisiert oder die Fähigkeit optimiert, y zu realisieren.

(b) Die Realisierung von y (Leistungsprodukt, Funktionswert) ist ein Zeichen erfolgreicher Performanz von O. Es zeigt an, welche Performanzen von O erfolgreich sind, was O gut kann.

Das Leistungsprodukt, *ergon* der Funktion, ist notwendige Bedingung dafür, eine Performanz von O zu identifizieren, also auch von Erfolg zu sprechen. Entsprechend kann eine aristotelische funktionale Erklärung so aussehen: O müssen bestimmte Anforderungen bewältigen, was sich als die Bewältigung bestimmter Aufgaben verstehen lässt, zum Beispiel Orientierung im Raum, Spuren lesen. O erledigt solche Aufgaben gut und erfolgreich. Für bestimmte Organismusarten oder Organismustypen ist es kennzeichnend, dass sie bestimmte Aufgaben gut erledigen, zum Beispiel Navigation bei Wassertieren oder Flugtieren. Entscheidend ist, das von Organismustypen die Rede ist, nicht von individuellen O, die durchaus auch Fehlfunktionen, Misserfolg oder untypische Aufgabenlösungen performieren können. Ebenso wird damit die normative Komponente von Funktionen berücksichtigt, deren Maßstab der Erfolg der Art ist, denn an der Population, der Art, setzt die Selektion an, nicht am Individuum, das jedoch gewissermaßen den Status eines Lerndurchganges für die Art hat. Das Bewältigen der Anforderungen und der Aufgaben zeigt zugleich die Bedürfnisse des O an, zum Beispiel die Nahrungsbeschaffung zeigt das Bedürfnis nach Ernährung (»Hunger«) und Selbsterhaltung an. Bestimmte Teile des O erlauben die Identifikation von Funktionen, die der Befriedigung der Bedürfnisse des O dienen wie Sensorkomponenten (z. B. Augen, Tasthaare), Effektoren wie Finger, Klauen oder Muskeln oder innere Organe wie Herz oder Lunge. Generell ist der Begriff ›Organ‹ als Analogie zum Artefakt »Werkzeug« zu verstehen, das nötig ist, um ein Werk in die Welt zu setzen. Organe erkennt man an ihren kausal zuwege gebrachten Wirkungen. Für die Psychologie ist das Erkenntnisbedürfnis eines O leitend auf der Suche nach Funktionen, denn der Organismus braucht nicht nur Energie, sondern Informationen, um die Regelmäßigkeiten der Umgebung von O erfolgreich nutzen zu können. So kann man grob zwischen Organen der Informationsaufnahme (die Sinne, allgemeine Sensoren oder Rezeptoren), der Informationsverarbeitung und -erzeugung (zentrales und peripheres Nervensystem, auch das Immunsystem, dem basalen System der Selbst-Fremd-Unterscheidung) und der Informationserzeugung (Effektoren, aber auch das ZNS) unterscheiden. Das Funktionieren der Augen beispielsweise ist gut für den menschlichen Organismus, es spielt eine funktionale kausale Rolle bei der Informationsgewinnung und -nutzung und trägt zur Befriedigung des Erkenntnisbedürfnisses und der Adaptation des Organismus bei.

Holismus der Funktionszuschreibung

Die Zuschreibung einer Funktion ergibt nur Sinn, wenn das ganze Funktionsgefüge, der gesamte Organismus oder auch das Ökosystem desselben berücksichtigt wird. »Die Zuweisung einer Funktion zu einem Teil des Gefüges beinhaltet die Feststellung, dass dieser eine Rolle in der Wirkungsweise des Ganzen spielt. Es besteht insofern eine holistische Note in biologischen Funktionszuschreibungen« (Toepfer, 2010, S. 648). Die Rede von Funktionen ist nur vor dem Hintergrund eines Systems sinnvoll, das als Ganzes im Sinne von Piaget als Organisationsfunktion fungiert. Der Funktionsbegriff ist für die Biologie und die Psychologie ein basales Konzept, obwohl in der Psychologie der Funktionsbegriff weniger systematisch reflektiert wird als in der Biologie. In Biologie und Psychologie, so meine Erweiterung Toepfers Sicht auf die Biologie, ist es von zentraler Wichtigkeit, Funktionen zu identifizieren und dazu entsprechende Methoden auszubilden und anzuwenden, weil diese Disziplinen »von Organismen als ganzheitlichen Gefügen, d. h. kausalen Systemen mit spezifischen Vermögen« handeln. Toepfer führt für die Biologie weiter aus, was meines Erachtens auch für die Psychologie gilt: »In der mit dem Funktionsbegriff verbundenen teleologischen Systematisierung von Prozessen und Strukturen wird eine spezifisch biologische Perspektive eingenommen, die sich in anderen Naturwissenschaften nicht findet (↑ Zweckmäßigkeit)« (S. 648). Im Gegensatz zu einer strukturellen oder kausalen Analyse erlaubt die funktionale Betrachtung auch in der Psychologie »eine hierarchische Ordnung des Geschehens mit wenigen oberen Referenzpunkten, auf die alle Prozesse bezogen sind« (S. 648).

Diese oberen Referenzpunkte sind in der Biologie Selbsterhaltung und Fortpflanzung, welche aber auch in der Psychologie obere Referenzpunkte sind. Allerdings wird in der Humanpsychologie Selbsterhaltung und Fortpflanzung weiter zu sehen sein. Der Mensch ist meines Erachtens das einzige Wesen, das nicht nur lebt, um zu überleben. Die selbsterhaltende Existenzsicherung wird zur Existenzerweiterung, da der Mensch aus der Benommenheit der Situation (Heidegger, 2004) entlassen ist und in exzentrischer Positionalität (Plessner, 1975) als einziges uns bekanntes Wesen nachdrücklich fragt, was es tun soll und was der Sinn ist, am Leben zu sein. Der Mensch pflanzt sich auch symbolisch fort, in dem er über die Tradition an einem intergenerationellen kommunikativen Text (Röttgers, 2007) mitschreibt. Menschen machen selbst etwas aus sich, etwa im Sinne einer Autogenese (Jüttemann, 2007), und wollen und können, teilweise, heterogenetischen Einflüssen widerstehen, von denen sie glauben, dass sie ihre Freiheit einschränken.

Psychische und soziale Funktionen, semiotische Funktion

Thomas Gils Analyse der psychischen Funktionen über die Verwendung mentaler Termini und seine Orientierung an Wittgenstein macht schließlich sehr deutlich, dass es sich auch um soziale Funktionen handelt, was keineswegs nebensächlich ist, aber in einer stark neurowissenschaftlichen, zum Reduktionismus neigenden Biopsychologie ausgeblendet wird. Die Funktion mentaler Wörter ist nicht diejenige, eine Funktionsanalyse des Mentalen betreiben zu können, sondern die Funktion ist eine soziale. Deren soziale Funktion besteht vor allem darin, uns sowie unser Tun und Lassen einander verständlich zu machen, um miteinander umgehen und miteinander kooperieren zu können. Ohne die Ausbildung von kollektiver Intentionalität, die Bildung von Wir-Überzeugungen, verstehen wir nicht, wie Wünsche und Überzeugungen im Zusammenleben funktionieren, können wir nicht kommunizieren. »Kommunizieren« heißt ja, sich etwas herstellen, das als Gemeinsames fungiert und das alle als gemeinsames Referenzsystem nutzen können, was wir mit der Sprache tun.

Interessant ist dabei, dass Lebewesen generell Zeichen verwenden, da sie nur mit Zeichen die signalvermittelten Ausschnitte aus ihrer Umgebung zu mehr oder weniger komplexen mentalen Modellen synthetisieren können. In dem Umfang, in dem Modelle von Modellen gebildet werden, entsteht Bedeutung. Die mentale Modellbildung ist Ausdruck der semiotischen Fähigkeiten von Lebewesen, die über ihre semipermeable Grenze (»Haut«) von ihrer Umgebung abgegrenzt sind, aber mit dieser Umgebung zusammen ein Ökosystem bilden. Stoffwechsel, also die Nahrungsfunktion, macht es bei »autonomen Agenten« aber nötig, sich die Nahrung in Raum und Zeit zu beschaffen sowie ihre Fortpflanzungspartner aktiv aufzusuchen und zu erkennen, aber auch zu erkennen, was günstig oder ungünstig für die Selbsterhaltung ist. Dazu sind kognitive Funktionen, »Erkennensfunktionen« nötig, schon allein deswegen, um erfolgreich durch Raum und Zeit navigieren zu können. Die Organismusgrenze muss zu diesem Zwecke mit Hilfe von Signalen überwunden werden, die Informationen transportieren analog zum Transport von Nahrungsmitteln, wozu Sensoren und neuronale Netze nötig sind. Aber auch der Zustand eines komplexen Organismus muss über Sensoren erfasst werden. Lokomotion und Navigation machen auch Aktoren/Effektoren nötig, um Veränderungen zu bewirken. Die Effekte der Aktionen müssen antizipiert werden und der Vergleich der antizipierten Effekte und Folgen mit den tatsächlich bewirkten ist das Grundschema des Lernens und der Baustein der Kognition. Erfolgreiche Erwartungs-Effekt-Konfigurationen oder Schemata werden wiederholt und zu einer Gewohnheit (»Ethos«), die positiv bewertet wird, es wird assimiliert, neue Gegebenheiten machen Akkommodationen erforderlich. Das Werten wird dabei auf die Selbsterhaltung und Selbsterweiterung bezogen, aber auch dahingehend erweitert, dass Gruppenwerte entstehen, da vieles Wertgeschätzte nur kooperativ erreicht werden kann. Es ist eine interessante These, dass der Aufbau dieser Psychostruktur wesentlich sozial-kooperativ erfolgt, im Medium der sprachlichen Interaktion, der menschliche Geist also wesentlich sprachlich konstituiert ist als Teil eines kommunikativen Textes.

Wünsche und Ziele sind ein Teil dieser individuellen Funktionsstruktur, die sich auf etwas beziehen, was nicht aktuell der Fall ist, aber der Fall sein soll. Diese mentalen Repräsentationen (Antizipationen, Ziele, Wünsche, Werte, Schemata), sind Teil des mentalen Modelles, das als Struktur der semiotischen Funktion anzusehen ist, die meines Erachtens die Hauptfunktion aller psychischen, aber auch biologischen Funktionen ist. Nach Konrad Lorenz ist Leben ein erkenntnisgewinnender Prozess, Leben-können ist ohne Kenntnisse nicht möglich, womit es auch ein semiotischer Prozess ist. Biologie und Psychologie sind Systemwissenschaften, für die Semiosen und systemische Information von zentraler Bedeutung sind, dies wurde oft betont (z. B. Bischof, 1995; Eder u. Rembold, 1992; Bleecken, 1990; Piaget, 1967/1983; Toepfer, 2010), aber aufgrund der Fächerorganisationen an Universitäten und aufgrund von Fachtraditionen wird diese Sicht oft unzureichend realisiert. Funktion ist schließlich, wie oben gesagt, ein systemrelativer Begriff, da Lebewesen als Funktionsträger Systeme sind.

Alle Lebewesen brauchen Umgebungsmodelle, um die Regularitäten ihrer Umgebung zur Anpassung nutzen zu können. Die Güte des Modells liegt darin, dass es letztlich auf lange Sicht Realitätstests besteht, also erfolgreich ist, was letztlich dem Vorgehen beim wissenschaftlichen Hypothesentesten entspricht. Menschen haben mit der Kultur neue, komplexe zwischenmenschliche Regularitäten geschaffen, vor allem neue Realitäten. Der Preis dafür ist, dass natürliche und kultürliche Realitäten unterschiedlichen Testbedingungen unterliegen, aber angesichts der ökologischen Krisen unserer Welt dürfte deutlich sein, dass die Schaffung kultürlicher Realitäten nicht auf lange Sicht die natürlichen Realitäten vernachlässigen oder gar ignorieren darf, wenngleich die Grenze zwischen beiden immer durchlässiger zu werden scheint.

Thomas Gil

Replik

Viele Vorstellungen über die menschliche Seele, die in der Geschichte von Bedeutung gewesen sind, lassen sich auf den Philosophen Platon zurückführen. Dabei ist das, was Platon in seinen Dialogen über die Seele sagt oder als selbstverständlich voraussetzt, keineswegs einheitlich. Platons Denken steht in verschiedenen Traditionen des Redens und Denkens über die Welt und die Seele, die er zusammenbringt oder einfach nebeneinander bestehen lässt.

Was die Seele angeht, so findet man bei Platon unterschiedliche, sich zum Teil widersprechende Bestimmungen. Mal wird sie als etwas Einfaches beschrieben, mal wird sie als ein Komplexes, das unterschiedliche Teile hat, eingeführt. Für das Denken und das Argumentieren, so heißt es, soll sie hauptsächlich zuständig sein. Und doch wird zugleich behauptet, dass ihre primäre Leistung das Bewegen (die Selbstbewegung und die Bewegung des Körpers) ist. Ihr Verhältnis zum Körper ist auch nicht ganz eindeutig. Mal erscheint sie als Herrscher und Meister des Körpers. Mal wird sie als im Körper gefangen geschildert. Eines stellt Platon aber nicht infrage, dass sie unsterblich ist.

Platons Bestimmung des Verhältnisses der Seele zum Körper kann heute nicht mehr befriedigen. Platon macht aus der Seele eine selbstständige Entität, die unabhängig vom Körper existieren kann. Mal wird sie wie in der Hauptschrift »Der Staat« als dreigeteilt gedacht: ein Modell, das in erklärender Hinsicht sinnvoll sein kann, um die verschiedenen Arten von Motiven in Rechnung zu stellen, die das Leben von beseelten Menschen prägen. Im Dialog »Phaidros« findet man das Bild des Wagenlenkers, der zwei Pferde zu kontrollieren hat. Dieses Bild entspricht dem Modell der

Seele im »Staat«, nach dem der intellektive oder vernünftige Teil der Seele den muthaften und den dranghaften Teil auch zu kontrollieren hat, damit wir davon sprechen können, dass die Seele »gerecht« ist. Im Dialog »Phaidon« und am Ende des »States« hingegen wird die Seele als eine (nicht zusammengesetzte) Einheit vorgeführt. Sie ist deswegen auch unsterblich, was gar nicht der Fall sein könnte, wenn sie zusammengesetzt wäre. Eine solche unsterbliche Seele scheint in einem nicht leicht zu denkenden Verhältnis zum Körper zu stehen. Dieser soll sie nämlich nicht bestimmen oder wesentlich affizieren. Zugleich soll die Seele den Körper beleben und bewegen. Wie soll dies überhaupt geschehen, wenn ihr Verhältnis äußerlich und peripher bleibt? Herrscht die Seele im Körper oder über den Körper? Oder ist sie nicht doch vielmehr ein Gefangener des Körpers, der Befreiung anstrebt? Wie müsste man dann die Individualität der nach dem Tod befreiten, unsterblichen Seele denken?

Verglichen mit all diesen offenen Fragen, die Platons problematische Bestimmung der Seele nach sich zieht, wirkt die aristotelische Auffassung der Seele geradezu schlicht und elegant. Prägnant zusammengefasst, besagt sie: Die Seele ist nichts anderes als der beseelte Körper. Als »Form« des Körpers ist die Seele das Lebendigsein des Körpers, nichts außerhalb des Körpers, sondern ein Moment am Körper, das lebendig machende Moment, das Lebens- und Formprinzip eines »actualiter« (in Wirklichkeit und nicht nur der Möglichkeit nach) lebendigen Körpers. Ohne den Körper kann demnach dessen Lebensprinzip gar nicht existieren. Ein so gedachtes Lebensprinzip ist ein Moment am Körper, von diesem nur in begrifflicher Hinsicht unterscheidbar. Ein Beispiel könnte an dieser Stelle vielleicht weiterhelfen. Ein Haus besteht aus Baumaterialien. Diese sind selbstverständlich nicht das Haus, denn sie hätten gebraucht werden können, um eine Brücke zu bauen. Das Haus ist nichts anderes als eine Gesamtheit von Baumaterialen in eine bestimmte Form oder Gestalt gebracht. Ohne die Baumaterialien gibt es das Haus nicht. Die »geformten« oder in Form gebrachten Baumaterialien sind nämlich das Haus. Ähnlich müsste man das Verhältnis der Seele zum Körper denken, selbst wenn, wie Aristoteles selbst zugibt, eine genaue und befriedigende Bestimmung dieses Verhältnisses keineswegs leicht ist.

In seinem ideengeschichtlich, psychologiehistorisch und begriffserläuternd argumentierenden Beitrag rekonstruiert Wolfgang Mack, wie es dazu gekommen ist, dass die wissenschaftliche Disziplin der Psychologie gegenwärtig auf den Begriff der Seele verzichten kann. Wolfgang Mack selbst scheint zu bedauern, dass die Entwicklung tatsächlich so verlaufen ist, wie sie tatsächlich verlaufen ist, und dass die Fachpsychologen nicht mehr zentral die prinzipielle Frage nach der menschlichen Seele erörtern bzw. die Frage diskutieren, ob es »prinzipiell« möglich ist, Seelenforschung ohne den Begriff der Seele zu betreiben. Konsequent mündet dementsprechend seine lehrreiche und gelungene Rekonstruktion der Entwicklung der professionellen Psychologie in ein Plädoyer ein, das vorsichtigerweise folgendermaßen formuliert werden könnte. Der an manchen Stellen problematische Seelenbegriff ließe sich in Anlehnung an Autoren wie Peter F. Strawson, William Stern und Lynne Rudder Baker durch den Begriff der »Person« substituieren, der auf das notwendige »tätige Substrat« alles Erkennens, Handelns, Wandels und Werdens referieren würde und auf unproblematische Weise die »dynamische Organisationsstruktur« nicht eindeutig spezifizierbarer »psychophysischer Funktionen« zu bezeichnen vermöge. Ein solches Zentralwerden des Personenbegriffs würde allerdings nicht zu einer Praxis des Forschens passen, die sich mit Scheinlösungen und Kompromissbegriffen (wie den Begriffen des »Psychofunktionalismus« und des »nonreduktiven Physikalismus«) zufriedengibt und das Aufwerfen bestimmter, gegenwärtige Theorierahmen sprengender Fragen systematisch vermeidet.

Auf Wolfgang Macks mutige und anspruchsvolle Stellungnahme möchte ich im Folgenden so eingehen, dass ich in einem ersten Teil dafür argumentieren werde, bei der Darstellung und Erklärung einzelner psychischer Funktionen jede Form von Substanzialität zu vermeiden, möge diese Substanzialität die Substanzialität von Seelen oder die von Personen sein. In einem zweiten Teil möchte ich dann etwas zum Thema Einheit der Seele oder Einheit der Person bzw. Einheit des Selbst mit der Absicht sagen, die nichtreduzierbare Komplexität des Psychischen zu veranschaulichen. Im dritten Teil geht es um die sogenannten höheren psychischen Funktionen (einzelne Denkoperationen sowie Vorgänge der Ausbildung personaler Identitäten), die meines Erachtens auch nicht eine substanziell gedachte Seele nötig machen. Ich beende meine Replik mit einem an Ernst Cassirers Arbeit »Substanzbegriff und Funktionsbegriff« (1980) erinnernden Plädoyer für eine konsequente Funktionalisierung der Reflexion über Seelenfunktionen und Seelenkompetenzen.

Die problematische Unterstellung von Substanzialität

In meiner Argumentation orientiere ich mich an Donald Davidsons kritischer Denk- und Vorgehensweise. Sie besteht darin, zuzugeben, dass es auf einer trivialen, unkritischen Ebene sinnvoll sein könnte, beispielsweise in Wahrheitsfragen von »Korrespondenz« oder von Konformität mit »Tatsachen« zu sprechen, dass aber in einem strengen Sinne die Rede von »Korrespondenz« oder von »Tatsachen« äußerst problematisch und deswegen zu vermeiden ist. Davidson verfährt so, dass er im Einzelnen präzise zeigt, was »Korrespondenz« besagt, nämlich die Existenz von zwei existierenden Größen, die dann in ein bestimmtes Verhältnis zueinander treten würden, das Korrespondenz- oder Entsprechungsverhältnis. Da die zwei Größen unabhängig voneinander nicht existieren können, so Davidsons Argumentation weiter, kann es kein Korrespondenzverhältnis geben und deswegen sollte man den Korrespondenzbegriff ganz aufgeben. Er würde für Verwirrung sorgen und keineswegs klärend wirken, wie man geläufig unterstellt. Ähnlich argumentiert Davidson in Bezug auf den Begriff der »Tatsachen«. Von ihnen heißt es üblicherweise, dass sie unsere Sätze, die Sätze nämlich, die sie ausdrücken, wahrmachen. Aber was sollen individuierte Tatsachen, so fragt Davidson, unabhängig von den Sätzen, die sie individuieren, sein? Davidson will die unabhängig von uns existierende Realität (die »Große Tatsache«) keineswegs abschaffen. Er zeigt aber auf explikative Weise, dass es gar keinen Sinn hat, von »einzelnen Tatsachen« zu sprechen, ohne dabei von den Wahrheitsbedingungen der Sätze auszugehen, die sie als »einzelne Tatsachen« individuieren. Eine ähnliche Argumentationsstrategie würde ich im Folgenden bei der Behandlung der Frage befürworten, ob es sinnvoll ist, von einer substanziellen Seele auszugehen bzw. die Substanzialität der Seele zu unterstellen.

In seinem Beitrag zeichnet Wolfgang Mack mit einem feinen Sinn für die Hauptargumentationslinien nach, wie in der Entwicklung der Fachpsychologie der Begriff der Seele entbehrlich geworden ist. Dabei geht er nicht nur auf die Fachvertreter der Psychologie ein, sondern auch auf die philosophische Tradition der Reflexion über die Seele, die der Fachpsychologie vorgegangen ist. René Descartes und Immanuel Kant nehmen in Macks Rekonstruktion einen besonderen Platz ein. Was Mack zu beiden Philosophen ausführt, scheint mir besonders relevant zu sein. Bei Descartes betont er die wirkungsgeschichtlich wichtige Leistung der Trennung des biologischen Seelenbegriffs von der »Denkseele«, die nun als »res cogitans« der ausgedehnten Materie entgegengesetzt wird, was dem Gründungsakt eines neuen Substanzendualismus gleichkommt, der lange Zeit und an vielen Stellen maßgeblich bleiben wird. Auf die Konzentration auf epistemische Aspekte, die damit zusammengeht, wird nachdrücklich hingewiesen. Denn die Trennung der »Denkseele« von den einzelnen Lebensfunktionen beseelter Wesen wird de facto bei Descartes von seinem eigenen Interesse an sicherer und gewisser Erkenntnis getragen: eine Erkenntnis, die Descartes selbst nach geometrischem respektive mathematischem Vorbild im Bereich metaphysischer Fragen erzielen möchte.

Immanuel Kant verfolgt auch ähnliche Ziele, wenn er mittels einer (transzendentalphilosophischen) Reflexion über Bedingungen der Möglichkeit von Erkenntnis den Weg für eine zukünftige Metaphysik vorbereiten will, die in einem strengen Sinne genauso wie die Mathematik und die Physik eine Prinzipienwissenschaft sein wird, die synthetische Urteile a priori (Urteile also, die unabhängig von jeglicher Erfahrung unser Wissen erweitern) zu erzeugen vermag. Die »Seele« wird bei Kant zu einem Postulat, zu einer »regulativen Idee«, zu einer unentbehrlichen Annahme der Vernunft, die gedacht werden muss, um etwas anderes zu erkennen, selbst aber jenseits aller möglichen Erkenntnis bleiben muss.

Nicht zu unterschätzen auf dem Wege des Entbehrlichwerdens des Seelenbegriffs ist die klassisch-empiristische Tradition, auf die Mack kursorisch eingeht und in der andere Begriffe wie »mind«, »self«, »consciousness« und das »ich« (im Unterschied zum großen »Ich«) auftauchen, die immer prominenter sein und die »Seele« als zentrale Kategorie verdrängen werden.

Für den weiteren Weg stehen in der systematischen Rekonstruktion Macks unter anderem folgende Namen bzw. Stichwörter: Auguste Comte, Gustav Theodor Fechner, Hermann Helmholtz, Wilhelm Wundt, Franz Brentano, William James, Carl Stumpf, Karl Bühler, Fred Dretske, Daniel Dennett respektive Behaviorismus, Kognitivismus, Informationstechnologien, Kognitive Neurowissenschaften sowie Funktionalismus, Anomaler Monismus und Supervenienztheorien.

Hermann Helmholtz und Wilhelm Wundt kommt eine besondere Relevanz zu. Hermann Helmholtz antizipiert nämlich mit seinen Messungen von Reaktionszeiten die spätere informationsverarbeitende Psychologie physiologischer Prägung und Wilhelm Wundt, sieht man von seiner (nichtexperimentellen, kulturphilosophisch orientierten) »Völkerpsychologie« ab, ist durch die Einrichtung eines experimentellen Labors in Leipzig, die Gründung einer Zeitschrift sowie die Gründung eines psychologischen Instituts fundamental wichtig für die Institutionalisierung der Psychologie als Fachwissenschaft. Außerdem, indem er sich nicht auf die Sinnesphysiologie beschränkt, formuliert er für die experimentell vorgehende Psychologie ein breites spezifisches Forschungsgebiet.

Franz Brentano (1874) versteht seine in Anlehnung an Edmund Husserl vorgehende empirische Psychologie als Wissenschaft von den »psychischen Erscheinungen«, die er von den physischen Erscheinungen scharf trennt, ohne deswegen schon auf eine Seele rekurrieren zu müssen. Ähnlich auch William James (1890), der mit dem Begriff eines Selbst arbeitet, das höchst dynamisch und prozessual als eine Gesamtheit von Eigenschaften und Erlebnissen gedacht wird.

Auf Carl Stumpf macht Mack mit besonderer Intensität aufmerksam. Stumpf (1907) verstand die Psychologie als die Wissenschaft der »psychischen Funktionen« (nicht bloß der »psychischen Erscheinungen«) und hob die Seele »im Ganzen von psychischen Funktionen und Dispositionen« auf.

Den verschiedenen, stets sich vermehrenden Versionen des Behaviorismus, des Kognitivismus, der Kybernetik, des Funktionalismus sowie der Supervenienztheorie wirft Mack letztendlich vor, durch eine Konzentration auf bestimmte effektvolle Aspekte bzw. Momente sowie deren geschickte Versprachlichung den Eindruck erzeugen zu wollen, dass sie größere Probleme lösen und mehr leisten können, als sie tatsächlich in der Lage sind zu leisten. Sie eliminierten zwar erfolgreich den Begriff der Seele, würden aber bestimmte berechtigte Fragen und Gesichtspunkte nicht zulassen.

Alles, was Wolfgang Mack in seiner historisch vorgehenden systematischen Rekonstruktion kritisch festhält, ließe sich in seiner oder in einer anderen leicht modifizierten Version gut rechtfertigen. Allerdings kann, logisch betrachtet, nie eine Gesamtheit von Fehlentwicklungen, Einseitigkeiten und Insuffizienzen eine Evidenzbasis für die Postulierung von Problematischem und Nichtrechtfertigbarem sein. Und ich meine, dass eine substanzielle Seele als mögliche Trägerschicht oder persistierendes Substrat der einzelnen psychischen Funktionen etwas Problematisches und Nichtrechtfertigbares ist.

Die Vorstellung einer substanziellen Seele mag, unkritisch betrachtet, sinnvoll und plausibel sein. Wenn man aber überlegt und man sich fragt, was damit genau gemeint sein kann, so stellt man fest, dass es schwierig ist, sie zufriedenstellend zu explizieren. Rudolf-Peter Hägler (1994) hat mit einem ironischen Unterton von dem »Kleiderständermodell« der Substanz gesprochen. Die Mäntel und Hüte kommen in einem solchen Modell akzidentell zu einem Kleiderständer, der stets derselbe bleibt. Hägler formuliert: »Der Kleiderständer hat Haken, an die diverse Attribute gehängt und wieder ausgetauscht werden können, doch dabei bleibt der Kleiderständer ein-und-dasselbe Ding« (Hägler, 1994, S. 9). Auf die Seele übertragen: Die Seele als substanzielle Trägerschicht, als Substrat der einzelnen psychischen Zustände und Ereignisse, ja des psychischen Lebens würde unabhängig von diesen konstant dieselbe Seele bleiben. Eine solche Vorstellung hypostasiert etwas, das es nur als Prozess, als Dynamik gibt, und macht es zu einer statischen Größe, durch Wesensmerkmale charakterisiert, diesseits oder jenseits aller akzidentellen Begebenheiten und Geschehnisse, die sie wesensmäßig möglich machen würde.

So eine Größe ist im Einzelnen schwer zu denken. Außerdem ist sie nicht nötig. Denn es besteht wirklich keine Notwendigkeit irgendwelcher Art, so etwas zu unterstellen oder versuchen zu denken. Keiner verlangt, dass wir so eine obskure, schwer denkbare Entität einführen, die mehr Probleme schafft als löst. Bei Quine, der Adolf Meyer dabei zitiert, heißt es in Anbetracht solcher postulierter unnötiger Entitäten: »Wo es nicht juckt, soll man auch nicht kratzen« (Quine, 1980, S. 281). Adolf Meyers Spruch erinnert an das Sparsamkeitsprinzip, das immer in Verbindung mit Wilhelm von Ockham gebracht wird, obwohl dessen genaue Formulierung in von Ockhams Texten nicht zu finden ist, und das in der traditionellen Version besagt: »entia non sunt multiplicanda sine necessitate«. Mit anderen Worten: Man soll nicht Größen, Entitäten oder Seiende einführen und mit ihnen explikativ arbeiten, es sei denn, sie erweisen sich als unentbehrlich oder mindestens nützlich.

Weder das Eine noch das Andere scheint der Begriff der Seele zu sein. Wie die »Sinnesdaten«, die »Schemata« und viele andere Zwischeninstanzen, die man in der Tradition der Philosophie eingeführt und für unentbehrlich gehalten hat, um bestimmte Probleme zu explizieren und zu klären, ist die »Seele« eine überflüssige Instanz, die wenig zu erklären vermag und eher Probleme schafft. Es mag sein, dass es auf der Ebene von Alltagsgesprächen sinnvoll ist, von solchen konventionell akzeptierten Größen zu sprechen. In einem strengen Sinn ist weder nötig noch produktiv, sie zu verwenden. Im Alltag mögen sie nicht schaden. In der Wissenschaft verwirren sie einfach. Von Ockhams Maxime ist unbedingt zu befolgen: Man sollte nichts behaupten, wenn dies nicht erforderlich ist.

Wieso aber entsteht die Neigung, bestimmte Entitäten einzuführen und sie mit der Eigenschaft der Substanzialität zu versehen? Diese Frage möchte ich über einen kleinen argumentationslogischen Umweg beantworten. In den »Sophistischen Widerlegungen« behandelt Aristoteles einen Denkfehler, der zu falschen Schlüssen führt und der darin besteht, zwei Sachen zusammen zu behandeln, die getrennt zu behandeln sind. Der Denkfehler kommt nach Aristoteles in Schlüssen vor, »die darauf beruhen, dass man aus zwei Fragen eine macht [ ] wenn man nicht merkt, dass mehrere Fragen vorliegen, und wie auf eine Frage eine Antwort gibt [ ]« (Aristoteles, 1995, S. 11 f.). Die »fallacia plurium interrogationum ut unius«, wie der Fehlschluss scholastisch bezeichnet wurde, besteht darin, aus mehreren Fragen eine einzige Frage zu machen. Im hier relevanten Fall wird die Frage nach der Kontinuität von beseelten Lebewesen mit der Frage nach der Substanzialität des Lebensprinzips zusammengetan und für eine einzige Frage erachtet. Dabei sind Kontinuitätsfragen oder Fragen nach Kontinuanten keine Fragen der Substanzialität irgendwelcher Wesensmerkmale oder »Artwesen«. Die Tatsache, dass wir Dinge einer gewissen Art identifizieren, wiederidentifizieren, beschreiben und in ihren Verhaltens- und Funktionsweisen verfolgen können, setzt keine substanziellen »Artwesenheiten« voraus, sondern lediglich kontingente Kontinuanten.

Im letzten Abschnitt seines Beitrags überlegt Wolfgang Mack, den in der Psychologie problematischen Begriff der Seele durch den Begriff der Person zu ersetzen und die Psychologie konsequent als Wissenschaft der Person zu konzipieren. Ich befürchte, dass der Begriff der Person nicht weniger problematisch als der Begriff der Seele ist. »Deskriptiv« lässt sich nämlich nicht eindeutig und konsensfähig bestimmen, was eine Person ist. Der Begriff der Person ist genauso wie der Begriff der Seele ein äußerst problematischer Begriff. Macht man das personale Sein von bestimmten psychischen oder mentalen Zuständen abhängig, wie John Locke dies musterhaft für die spätere Diskussion getan hat, so ist man gezwungen, jene unmittelbar plausible Vorstellung fallen zu lassen, die das Personsein an die Materialität eines Körpers bindet. Bestimmt man aber das Personsein von der Leiblichkeit bzw. Körperlichkeit der jeweiligen Lebewesen her, dann stellt man nicht in Rechnung, dass Personen auch weiterhin dieselben Personen bleiben können, wenn bestimmte wichtige Körperveränderungen (im Zuge beispielsweise von Organtransplantationen) stattgefunden haben. Mit anderen Worten: Sowohl die psychologische als auch die körperzentrierte Begründungsstrategie personalen Seins bleiben defizitär und können nicht leisten, was sie jeweils zu leisten vorgeben. »Personalität« als das, was Personen ausmacht, lässt sich also nicht problemlos begründen. Deswegen habe ich in meiner Studie »Personen« dafür plädiert, den Begriff der Person nicht deskriptiv, sondern »askriptiv« aufzufassen. Da das psychologische Argument, das unter anderem von John Locke, David Hume und Derek Parfit entwickelt bzw. verfeinert wurde und nach dem das Personsein von den mentalen Zuständen her und nicht von der Materialität des menschlichen Körpers her bestimmt wird, und das physische Argument, das unter anderem Bernard Williams stark gemacht hat und Personen als Körperwesen auffasst, letzten Endes nicht durchzuhalten sind, das heißt sich nicht konsequent zu Ende denken lassen, ist der Weg der askriptiven Bestimmung des Personseins allein offen. Indem wir den Begriff askriptiv auffassen, das heißt als »Status«, den wir allen Angehörigen der menschlichen Gattung und manchen Tieren gewähren, vermeiden wir die Schwierigkeiten, die eine deskriptive Bestimmung des Personseins mit sich bringt (Gil, 2004, S. 58 ff.). Allerdings würde sich ein solcher askriptiver Status-Begriff keineswegs eignen, den Begriff der Seele zu ersetzen und das Themengebiet der Fachwissenschaft Psychologie zu markieren.

Die Komplexität des Psychischen

Unterschiedliche Probleme, die den Erwerb von Überzeugungen, das Ausführen von Handlungen und die Entstehung von Entscheidungen betreffen (Probleme der Selbsttäuschung, der sogenannten Willensschwäche sowie der intertemporalen Entscheidungen) haben dazu geführt, das Konzept eines einheitlichen, homogenen, wohl integrierten Selbst radikal infrage zu stellen. George Ainslie (2001) unter vielen anderen Autoren redet davon, dass das Selbst streng genommen eine »Population von Selbsten« ist, von den Selbsten, die wir in der Vergangenheit gewesen sind, in der Gegenwart sind und in der Zukunft sein werden. Weil wir als beseelte Lebewesen diese Pluralität von Selbsten sind, kann es keinen homogenen Willen geben, den wir den unseren nennen könnten, sondern eine Vielfalt von heterogenen, sich widersprechenden Wünschen, Interessen, Motiven und Tendenzen, die unser praktisches Leben ausmachen. Unsere Handlungen, Absichten, Entscheidungen und Pläne erscheinen in einem solchen Licht als das Resultat komplexer Aushandlungsprozesse, an denen all unsere Selbste beteiligt sind. Die Problematik der sogenannten »Irrationalität« erscheint dabei ebenfalls in einem neuen Licht. Denn es ist nicht so, dass unsere irrationalen Handlungen und Entscheidungen nicht gründebasiert wären. Hinter ihnen gibt es immer sie veranlassende Gründe, allerdings nicht immer die (alles in allem betrachtet) besseren Gründe, die Gründe also, denen wir folgen würden, wenn wir vollständig rational wären. Klar formuliert diese Einsicht Donald Davidson: »Denn das Irrationale ist nicht bloß das Nichtrationale, das außerhalb des Bereichs des Rationalen liegt, sondern Irrationalität ist ein Versagen innerhalb des Hauses der Vernunft [ ] Irrationalität ist ein geistiger Prozess oder Zustand – ein rationaler Prozess oder Zustand –, der in die Irre gegangen ist« (Davidson zit. nach Spitzley, 2005, S. 89). Um zu erklären, wie dies möglich sein kann, verweist Davidson auf Sigmund Freud, der ein bestimmtes Modell des fragmentierten Selbst entwickelt hat. Freuds Innovation besteht nach Davidson in seiner Konzeption des Geistes als eine Gesamtheit von »halb abhängigen Strukturen« sowie in der Betonung, dass einige geistige Phänomene, von denen wir normalerweise annehmen, dass sie bewusst sind oder dem Bewusstsein zumindest zur Verfügung stehen, gar nicht bewusst sind und, wenn überhaupt, nur mit großer Mühe zugänglich werden können. In seinem Modell vermag Freud die Gründe für viele sogenannte irrationale geistige Phänomene anzugeben, das heißt im Einzelnen zu zeigen, dass viele geistige Phänomene, die wir spontan als jenseits des Rationalen oder gar als irrationale klassifizieren würden, Phänomene wie Vergesslichkeiten, Versprecher oder übertriebene Ängste ihre Gründe haben.

Die von Aristoteles behandelte sogenannte »Willensschwäche« erscheint von Freud aus betrachtet in einem neuen Licht. Das Phänomen der »Willensschwäche« oder »Inkontinenz« (»akrasia«) würde darin bestehen, dass ein Akteur im Gegensatz zu dem handelt, was er unter Berücksichtigung aller Umstände für besser hält. Die Analyse Aristoteles', die für viele Fälle angemessen ist, lässt allerdings einige Fälle draußen, die man gut erklären könnte, wenn man bedächte, dass im Fall der Willensschwäche unterschiedliche, divergierende Gründe gegeneinander konkurrieren und nicht, wie immer wieder von Aristoteles ausgehend angenommen, Gründe auf der einen und unbegründete Motivlagen auf der anderen Seite gegeneinander stehen. Die Situation des Willensschwachen stellt sich demnach anders als ursprünglich angenommen dar. Der sogenannte »inkontinente« oder »willensschwache« Akteur hat einen Grund für seine faktisch vollzogene Handlung gehabt. Er hätte aber bessere Gründe für ein anderes Handeln gehabt, die sich nicht durchgesetzt und sein faktisches Handeln nicht bestimmt haben. Was der Erklärung bedarf, und dies ist auch nach Davidson der

Witz bei allen Fällen von »akrasia«, ist nicht, warum der Akteur faktisch so gehandelt hat, wie er gehandelt hat, sondern warum er in Anbetracht der besseren Gründe, die er gehabt hätte, anders zu handeln, nicht anders gehandelt hat.

George Ainslie (2001) insistiert darauf, dass die Zeitdimension eine wichtige Dimension ist, die zur Erklärung beitragen kann, warum sich bestimmte Handlungsgründe eher durchsetzen als andere. Es mag grundsätzlich gut sein, einen starken Willen zu haben, der sich immer von den besseren, den vernünftigeren Gründen leiten lässt. Aber jeder Handelnde weiß auch, dass Lebendigkeit, Lebenslust und Befriedigung wichtige Werte im Leben sind. Deswegen lassen wir uns auch manchmal von Gründen leiten, die nicht die besten sind. Vernünftige Pläne können zu Gefängnissen werden, Willensstärke kann intensive Erlebnisse unmöglich machen und eine Befriedigung in der Gegenwart kann einer größeren Befriedigung in einer fernen Zukunft präferiert werden. Spätere Selbste und ihre vernünftigen, zukünftigen Interessen können von gegenwärtigen Selbsten und ihren kurzfristigen, nicht so vernünftigen Interessen vernachlässigt werden. Die Gegenwart zu privilegieren, ist nicht immer ein Zeichen von Irrationalität. Und es kann manchmal gut sein, sich nicht von den besten Gründen bestimmen zu lassen. Gerade dieses macht die Komplexität unseres praktischen psychischen Lebens aus.

Die höheren psychischen Funktionen

Zu den höheren psychischen Funktionen gehört das Denken. Menschliche Lebewesen denken komplex, das heißt sie verwenden Begriffe, wenn sie in Sätzen etwas von etwas aussagen, und aus bestimmten Aussagen leiten sie andere Aussagen ab. Das komplexe menschliche Denken ist deswegen ein begriffliches, propositionales und inferenzielles Denken. Um mögliche einseitige intellektualistische oder logizistische Verzerrungen zu vermeiden, ist es sinnvoll, das konkrete Denken als eine Reihe von Handlungen oder Operationen aufzufassen, die in unserem Leben eine klare Funktion erfüllen. Nicht also die Denkinhalte oder Denkgehalte, die Gedanken an sich, abgekoppelt von den konkreten Denksituationen und Kontexten, sollen hier interessieren, sondern die Art, wie die Denkinhalte in den verschiedenen Denksituationen funktionieren: wie sie in konkreten Handlungssituationen zustande kommen, bestimmt und schließlich verwendet werden, um bestimmte Problemlagen praktisch zu bewältigen. »Operational« ist diese Sicht, denn sie unterstellt, dass das Denken immer situiert ist und sehr konkrete Funktionen erfüllt. Denken wird dabei als eine Reihe von Handlungen konzipiert, die uns ermöglichen, Probleme zu definieren und zu lösen. Da nicht alle Denkinhalte einen konkreten Charakter haben, ist es sinnvoll, eher von Operationen zu reden, die mehr oder weniger abstrakt sein können. Auf die Weise will ich eine Substanzialisierung oder Reifizierung der Denkinhalte vermeiden. Denken als Handeln, als problemlösendes, operatives Handeln arbeitet selbstverständlich mit Inhalten. Doch sind diese nicht das Wichtigste. Vielmehr sind die Funktionen, die mit ihnen erfüllt werden, das, was in den Mittelpunkt der Aufmerksamkeit zu rücken ist.

In seinem Artikel »Handlungen, Operationen, körperliche Bewegungen« aus dem Jahre 1975, der in den »Vorstudien und Ergänzungen zur Theorie des kommunikativen Handelns« veröffentlicht wurde, nennt Jürgen Habermas eine Reihe von Denkoperationen, die hier aufgeführt werden sollen, damit das gerade Gesagte Anschauungsmaterial erhält. Die genannten Operationen oder abstrakten Denkhandlungen sind: Unterscheidungen treffen, etwas unter einen Begriff subsumieren, zählen, Differenzialgleichungen lösen, schließen, etwas wahrnehmen, etwas differenzieren, kennzeichnen, einstufen, klassifizieren, Elemente einer vorgeschriebenen Konfiguration anordnen und so fort (Habermas, 1984, S. 275). Diese Operationen sind wichtige Denkhandlungen, die den menschlichen Lebewesen Lebenskompetenz vermitteln, genauso wie jene grammatische Operationen, die kompetente Sprecher tagtäglich durchführen und die darin bestehen, dass sie Satzteile unterscheiden, Transformationen vornehmen, Wortstellungen beachten, lexikalische Ausdrücke wählen, wohlgeformte von abweichenden Sätzen unterscheiden und mittels Wörtern und Sätzen unterschiedliche Dinge tun.

Doch wichtiger als die Kataloge mit den einzelnen Operationen ist die Handlungsstruktur, die ihnen zugrunde liegt. Es ist der nordamerikanische Pragmatist John Dewey derjenige Philosoph gewesen, der in seiner »Logik« den Bereich des Logischen und überhaupt das Denken vom Problemlösungshandeln her am konsequentesten bestimmt hat. Die »Logik« ist für Dewey (2008) die Theorie der Forschung bzw. des Forschungshandelns, durch welches die Menschen als intelligente Lebewesen unterschiedliche Klassen von Problemen lösen.

Die logischen Prinzipien und Regeln bestimmt Dewey nicht unabhängig von den konkreten Denkprozessen, in denen sie strukturierend wirken, sondern als Momente dieser konkreten Denkprozesse, auf die sich Dewey mit dem allgemeinem Begriff der »Inquiry« bezieht.

Eine so konzipierte Logik ist für Dewey die Theorie jener Denkprozesse, durch welche unbestimmte problematische Situationen in bestimmte Situationen überführt werden: die Theorie des Forschungshandelns. Die logischen Prinzipien, Formen und Regeln erscheinen in einer solchen Theorie des Logischen als »inferential habits«, die sich in der Vergangenheit bewährt haben und die gute Chancen haben, sich in der Gegenwart und Zukunft weiter zu bewähren, ohne dass man aber von ihnen sagen könnte, dass sie a priori oder absolut (d. h. unabhängig von allem) gelten.

John Dewey bestimmt das Logische im Rahmen einer naturalistischen und »kontinuistischen« Theorie des Problemlösungshandelns radikal operationalistisch, von dem her, was es leistet und was man, es als Instrument gebrauchend, machen oder bewältigen kann. Die einzelnen logischen Formen und Gesetze erhalten in einer solchen Konzeption den Charakter von stipulativen Festlegungen und Postulaten, die dem Forschungshandeln »intern« bleiben.

Das Forschungshandeln mit den verschiedenen Denkprozessen, in denen das Logische entsteht und enthalten ist, wird von Dewey als Transformationsarbeit bestimmt: die Arbeit der Verwandlung einer problematischen Situation, in der Unordnung, Chaos, Unstimmigkeiten, Unbestimmtheiten, Widersprüche herrschen (Phänomene, die die in der Situation sich befindenden Individuen überfordern und belasten), in eine widerspruchsfreie, bestimmte, vereinheitlichte Situation, in der die einzelnen Elemente zueinander in einer geordneten Beziehung stehen und ein integriertes Ganzes bilden.

Sowohl die problematische Ausgangssituation als auch die gelöste, unproblematische und bestimmte Endsituation haben einen »zeitlichen« Charakter und eine »existenzielle« Bedeutung, das heißt sie sind nicht absolute Situationen, sondern subjektbezogene, lebensrelevante Situationen; sie machen die besondere, individuelle, reale Lage der in ihnen handelnden Subjekte aus, den spezifischen, wirklichen, gegenwärtigen Lebenskontext dieser Subjekte, und sie haben eine große konkrete Relevanz für diese Subjekte, deren Existenzbedingungen und deren Lebensmöglichkeiten. »Zeitlich« und »existenziell« ist auch die Transformationsarbeit des jeweiligen Forschungshandelns, das heißt: biologisch und kulturell kontextualisiert und nicht allgemein oder abstrakt und von großer Bedeutung für das reale Leben der sie leistenden Individuen und Handlungssubjekte, die durch sie sich als Subjekte erhalten und ihre Lebenschancen verbessern können.

Die Beispiele, die John Dewey (2008) für eine so konzipierte Denkarbeit der Transformation von Problemen in Lösungen gibt, entstammen dem Alltag und der wissenschaftlichen Forschungswelt. In ihnen allen erscheint das Forschungshandeln als eine Gesamtheit von Operationen, durch welche ursprüngliche Problemsituationen bewältigt werden, und zwar durch deren Transformation und Überführung in unproblematische Lebens- und Handlungslagen.

Das Phänomen der visuellen Wahrnehmung stellt einen ganz normalen, alltäglichen Fall von »Inquiry« dar. Derjenige, der sich im lebensweltlichen Alltag vornimmt, sein Arbeitszimmer zu räumen, muss in der chaotischen problematischen Situation, in der sich sein Zimmer befindet, eine Reihe von Objektidentifikationen vornehmen, bevor er das Identifizierte im Sinne seiner Ordnungsvorstellungen behandelt, sei es durch eine Neuplatzierung im Arbeitsraum oder durch dessen Beseitigung aus dem Arbeitsraum. Resultat seiner Ordnungsarbeit wird ein neu organisiertes Arbeitszimmer sein, das ein zufriedenstellendes Arbeiten ermöglicht.

Einzelwissenschaftler im Labor oder Mathematiker am Computer bzw. mit Papier und Bleistift bewältigen ebenfalls forschend einzelne Aufgaben, die sich aus ihren verschiedenen Forschungsvorhaben ergeben, indem sie unterschiedliche Informationen bzw. Daten verarbeiten und in sinnvolle, widerspruchsfreie Ordnungsstrukturen einbringen.

Schließlich fällen Gerichte tagtäglich in einer professionalisierten Weise Entscheidungen bezüglich schwieriger kontroverser Fälle und Problemlagen. Und dies tun sie, indem sie ungeklärte problematische Lagen mittels des Forschungsverfahrens klären und bestimmen. Ein Urteil wird gefällt, das das Resultat einer Untersuchung des anstehenden Falles ist. Das Urteil wird gefällt, nachdem der Richter alle Unterlagen gründlich studiert, mit allen beteiligten Parteien gesprochen, deren Argumente, Beschreibungen und Interpretationen zur Kenntnis genommen, die Beurteilung von Sachverständigen berücksichtigt und sich eine eigene wohlbegründete Meinung gebildet hat. Dies geschieht im Kontext von institutionalisierten Gerichtsverhandlungen, in denen optimierte Prozeduren des Verfahrens implementiert werden, die eine Entscheidungsfindung bzw. akzeptable Lösung des jeweils anstehenden Problemfalls erleichtern. Im Kontext der Gerichtsuntersuchungen werden Aussagen gemacht, revidiert, übernommen: Aussagen, die nur im Kontext der jeweiligen Untersuchung ihren Sinn und ihre Relevanz haben. Dies ist die Hauptidee, welche hinter Deweys Theorie der »wohlbegründeten Behauptbarkeit« von Aussagen steht und so oft auch missverstanden oder verzerrt worden ist.

Auf die genannten Beispiele lässt sich das Phasenmodell einer reflexiven Klärung und Bewältigung problematischer Situationen anwenden, das Dewey (1991) in »How we think« skizziert. Nach diesem Modell gibt es fünf Grundphasen bei der reflexiven Lösung eines jeden Problems: 1) Die Phase der erlebten Schwierigkeit oder Unstimmigkeit, unter der die handelnden Subjekte real leiden; 2) die präzise Verortung und Definition des Problematischen in der Handlungs- und Entscheidungssituation; 3) die hypothetische Entwicklung einer möglichen Lösungsstrategie; 4) das experimentierende Probieren, das allein in der Lage ist, herauszufinden, wie sich die gewählte Lösungsstrategie auswirken kann; 5) die Festlegung einer bestimmten und die Situation bestimmenden Handlungsalternative (Dewey, 1991, S. 72).

Es ist der konkrete Mensch und nicht eine Substanzseele, der als biologischer Organismus in Auseinandersetzung mit den Herausforderungen, die von seiner Umwelt herkommen, die Denkfunktion (in der Terminologie Deweys ausgedrückt: das konkrete Forschungshandeln) realisiert. Das menschliche Denken als intelligentes Problemlösungshandeln bedarf keiner Substanzseele, sondern ist eine Gesamtheit von Operationen, die situierte menschliche Lebewesen im Zuge des Prozesses ihrer realen Lebensbewältigung auf mehr oder weniger gekonnte Weise vollziehen.

Denkende Lebewesen können außerdem, und dies wäre eine weitere höhere psychische Funktion, im Laufe ihres Lebens personale Identitäten ausbilden. Sie können im Umgang mit Problemen und Herausforderungen individuelle Lebensstile entwickeln und somit spezifische biografische Pfade einschlagen, die sie als Individuen auszeichnen werden. Indem sie dies tun, werden sie »Subjekte« und hören auf, in ihrem eigenen Leben bloß »Objekte« zu sein.

Menschliche Lebewesen werden geboren, ohne dass sie gefragt werden, ob sie überhaupt geboren werden wollen. Sie werden als Kinder bestimmter Familien, als Angehörige bestimmter Schichten und Gruppen geboren, die ihre eigenen Traditionen sowie Denk- und Lebensweisen haben. In Schulen und Bildungseinrichtungen werden sie dann erzogen und in die Bürgerinnen und Bürger verwandelt, die ihre eigene Gesellschaft braucht. In Firmen, Unternehmen und Institutionen folgen sie später Regeln und Normen, die sie selbst nicht geschaffen haben. Die konkrete Identität menschlicher Personen, so könnte es scheinen, ist immer eine gemachte Identität, eine von den verschiedenen Einrichtungen der primären, sekundären und tertiären Sozialisation geschaffene und durchgesetzte Identität. Menschliche Personen werden bestimmt, beeinflusst und geformt, und zwar durch andere. Ihre Identität und ihr Selbst sind, um eine bekannte Begrifflichkeit Jean-Paul Sartres (1943) aufzugreifen, die Identität und das Selbst eines Seins »an-sich« (»en soi«). Dieses »An-Sich« ist das Ergebnis diverser Bestimmungen, das Resultat unterschiedlicher sozialer und geschichtlicher Prozesse, die von keinem einzelnen Menschen kontrolliert werden können. Das »An-Sich« ist reine Positivität. Das »An-Sich« bezeichnet kein Selbstbewusstsein, keine dynamische Spannung, keine Veränderungsfähigkeit, keine innere Negativität und keine Selbstdistanz, sondern lediglich das bloße »Dass« einer Existenz. Zugleich sind menschliche Lebewesen mehr als bloße »An-Sich«-Formationen. Dies macht ihre grundsätzliche Ambivalenz aus. Denn sie können sich selbst überschreiten. Sie können sich ihrer selbst bewusst werden und auf die Weise ein Sein »für sich« (»pour soi«) werden. Deswegen sind Menschen beides: Seiende an sich und Seiende, die etwas mehr werden können, das heißt Seiende, die »für sich« werden können, indem sie sich vergegenwärtigen, wer sie sind und wie sie geworden sind, was sie sind. Sie sind »An-Sich«-Formationen. Aber darüber hinaus haben sie die Möglichkeit und die Kompetenz, mit dem, was sie geworden sind, zu brechen, sich davon zu distanzieren, sich davon abzukoppeln. Diese Fähigkeit nennt Sartre »pouvoir de détachement«, eine Kraft, die Menschen ermöglicht, ihr Gewordensein zu relativieren, es in seiner bestimmenden Macht durch einen Akt der Negation außer Kraft zu setzen.

In einer solchen begrifflichen Konstruktion ist das »An-Sich« eine defiziente Seinsweise, eine Mangelerscheinung, allerdings keine rein negative Mangelerscheinung. Denn das Defizitäre dieser Seinsweise impliziert eine Möglichkeit und eine Dynamik: die Dynamik nämlich, die zustande kommt, wenn Menschen sich ihrer prekären Lage bewusst werden und zugleich spüren, dass sie Möglichkeiten haben, gegenwärtige Zustände zu transzendieren, sie zu negieren und letzten Endes zu überwinden. Die bloße Faktizität des »An-Sich«, das sie sind, können Menschen in ihrem Handeln aufheben. Indem sie ihre Für-Sich-Fähigkeit aktualisieren, vermögen sie zu werden, was sie gegenwärtig nicht sind, und aufhören zu sein, was sie gegenwärtig faktisch sind. Sie können, mit anderen Worten, bestimmen, wer und was sie sein wollen. Selbstverständlich können sie dieses nicht in einem absoluten Sinne, aber wohl in einem realen, relativen Sinne, der sich auf das bezieht, was sie gegenwärtig sind. Ihre Negationskraft ist deswegen eine bestimmte Negationskraft. Ihre einzelnen Verneinungen werden auch dementsprechend bestimmte Negationen sein.

Für Sartre ist wichtiger als das, was man geworden ist, oder das, was andere aus uns gemacht haben, das, was wir grundsätzlich damit oder daraus machen können. Was für Sartre zählt, ist nicht das Produkt der vielen Geschichten, die uns passiv bestimmt haben, sondern der Inhalt der Geschichte, die wir grundsätzlich in der Lage sind, aktiv zu initiieren und positiv zu gestalten. Was zählt, ist also unser bewusstes und aktives Tun.

So aufgefasst, sind menschliche Wesen nie identisch mit sich selbst. Denn, Sartres Formulierungen aufgreifend, sind sie nie ganz das, was sie sind, und sind zum Teil schon das, was sie nicht sind. Sie stehen immer in Distanz zu sich selbst, zu ihrem gegenwärtigen Selbst. Und sie wissen, dass sie wählend bzw. entscheidend Andere werden können. Ihre Existenz ist deswegen für Sartre (1943) nicht durch irgendein feststehendes Wesen geprägt, sondern ihr Wesen ist vielmehr ihre Existenz. Sie existieren immer jenseits ihres Wesens, indem sie dieses negieren und sich selbst auf das hin prospektiv entwerfen, was sie nicht oder noch nicht sind. Sie können grundsätzlich jederzeit mit der sie bestimmenden Vergangenheit brechen sowie die sie festlegende Gegenwart aufheben, nämlich durch auf Zukunft gerichtete Transzendenzakte der Negation und des Selbstentwurfs. Dieses Projektive macht das menschliche Leben, die »condition humaine« nach Sartre (1943) aus, der bewusst an Martin Heideggers Daseinsanalyse anknüpft.

Das, was Sartre mit Heidegger in einer solchen philosophischen Sprache voller Emphase und häufig auf sehr repetitive Weise ausdrückt, lässt sich heute nüchterner formulieren. Menschen sind in der Tat aufgrund ihrer defizitären biologischen Konstitution in einem deskriptiven Sinne »autonome« Wesen. Als biologische Mängelwesen, die instinktiv nicht festgelegt sind, müssen sie das Fehlen ihrer physischen Determiniertheit durch aktives Handeln und Entscheiden kompensieren. Sie müssen nämlich immer wieder entscheiden, was sie tun und wer sie sein wollen. Dies heißt nicht, dass sie beliebig entscheiden können. Aber in einem Raum von Bestimmungen, in dem sie ihr Leben konkret gestalten müssen, können und müssen sie entscheiden, was sie tun und welche von den bestimmten Möglichkeiten, die sie real haben, sie realisieren wollen. Deswegen ist ihr Leben ein frei zu führendes Leben. Ihre Identität ist eine frei zu schaffende Identität, und keineswegs eine biologisch festgelegte Identität. Die Einmaligkeit ihrer personalen Identität besteht nämlich hierin. Sie ist nicht vorgegeben, prädeterminiert, sondern sie ist teilweise im Zuge von freiwilligen Entscheidungen und Handlungen zu kreieren. Menschen können wählen, wählen tatsächlich und müssen wählen.

Wählend machen Menschen sich zu den Wesen, die sie sind. Sie wählen, mit wem sie Beziehungen unterhalten wollen. Sie wählen, welche Beziehungen sie haben wollen. Sie wählen, was sie machen wollen, in welche Unternehmungen sie einsteigen wollen, was sie initiieren und fortsetzen wollen. Sie wählen, was sie bestimmen soll oder wie sie sich bestimmen lassen wollen. Sie wählen letzten Endes, welche Personen sie sein wollen. Sie schaffen somit ihre personale Identität.

Lebend entscheiden und handeln menschliche Personen. Lebend legen sie ihre eigene persönliche, individuelle Geschichte fest, die sie einmalig macht. Zu dieser Geschichte können sie sich reflexiv verhalten. Sie nehmen Bezug auf sie, bestätigen ihre Richtung oder stellen sie infrage. Sie sind in der Lage, so etwas zu tun. Mit Sartre gesprochen, sind sie dazu verurteilt, auf eine solche Weise zu verfahren. Darin besteht ihre Autonomie als objektives Merkmal ihrer Seins- oder Existenzweise. Selbstverständlich stehen menschliche Personen unter dem Einfluss vieler Faktoren und Bestimmungen biologischer, entwicklungsgeschichtlicher sowie soziokultureller Art. Aber wer sie tatsächlich werden oder wer sie real sind, hängt auch und wesentlich von ihrer eigenen Wahl, von ihren eigenen Entscheidungen ab. Diese »voluntative Selbstbestimmung«, die menschliche Personen charakterisiert bzw. sie wesensmäßig ausmacht, definiert Klaus Düsing in der Sprache einer hochkomplexen Subjektivitätstheorie folgendermaßen: »Die voluntative Selbstbestimmung ist also die komplexe, übergreifende Selbstbeziehung, die die bedeutungsmäßig selbständigen Instanzen des erinnerten Selbst, des gegenwärtig wollenden (auch sich erinnernden) Selbst und des gewollten zukünftigen Selbst, die je schon eigene Selbstbeziehungen synthetisch in sich vereinigen, untereinander zur höherstufigen Selbstbeziehung des sich in diesen Instanzen als identisches erfassenden Selbst verbindet« (Düsing, 1997, S. 245). Wie es aus der gerade zitierten Stelle hervorgeht, handelt es sich bei der Autonomie menschlicher Personen um ihre willensmäßige Selbstbestimmung, die auf komplex vermittelten Selbstverhältnissen beruht. In diesen Selbstverhältnissen finden zueinander die Vergangenheit, die Gegenwart und die Zukunft eines personalen Lebens, in dem immer Bestimmtes und Bestimmendes enthalten sind.

Die Autonomie menschlicher Personen ist mehr als eine objektive Eigenschaft, die sie kennzeichnet. Sie ist darüber hinaus etwas, das sie außerordentlich schätzen und das ja äußerst relevant für die politische Organisation der Gesellschaft ist, in der sie zu leben haben. Autonom zu sein, bedeutet konkret, dass man Möglichkeiten hat zu wählen und zu entscheiden. Reale, materiale Autonomie setzt das Vorhandensein von Optionen und Alternativen voraus. Wo keine Optionen, keine Wahlmöglichkeiten existieren, gibt es tatsächlich keine Autonomie. Autonomie als die Freiheit der Selbstbestimmung macht erforderlich, dass es reale Alternativen gibt. Personen als autonome Wesen zu behandeln und zu würdigen, impliziert deswegen, dass man sich um die Optionen und Möglichkeiten kümmert, die ihnen zur Verfügung stehen. Personen als freie, autonome Wesen zu betrachten, ist demnach mehr als eine bloß moralische Sichtweise oder Haltung, die man gegenüber menschlichen Lebewesen einnehmen oder praktizieren kann. Personen als freie und autonome Wesen anzusehen und zu behandeln, hat enorme praktische, ja politische Konsequenzen. Eine solche Betrachtungs- und Behandlungsweise führt, wenn sie ernst gemeint wird, zu Handlungen und Handlungsprogrammen, die wertvolle Möglichkeiten, Alternativen und Optionen für Handelnde und Entscheidende schaffen. Sie führt selbstverständlich nicht (in der Sprache der politischen Philosophie ausgedrückt) zur Gleichheit des tatsächlich erreichten Wohlstandes, wohl aber zur Bemühung, wertvolle reale Möglichkeiten und Optionen zur Verfügung zu stellen, damit die menschlichen Individuen, die als Personen angesehen und behandelt werden, de facto selbstbestimmt entscheiden und handeln können.

Menschliche Lebewesen werden in ihrem Leben von vielen Faktoren und Bedingungen bestimmt und beeinflusst. Zugleich sind sie in ihrem Leben bestimmende Akteure und Subjekte, die in der Lage sind, Vieles zu bewirken. Sie werden einerseits von biologischen, sozialen, kulturellen, ökonomischen und politischen Faktoren bestimmt und beeinflusst. Andererseits können sie aber auch aktiv bestimmen und beeinflussen, was sie tun und wer sie sind. Sie sind sowohl bestimmte Objekte als auch bestimmende Subjekte. Sie sind bestimmte Objekte, die mit einer wichtigen Fähigkeit ausgestattet sind. Sie können nämlich in Erfahrung bringen und erkennen, was sie als Objekte bestimmt. Auf die Weise vermögen sie Strategien des Umgangs mit dem sie Bestimmenden zu erarbeiten sowie im Rahmen der Handlungsräume, die das sie Bestimmende schafft, frei zu handeln und zu bestimmen. Sie haben natürliche, sie bestimmende und sie prägende Antriebe, Neigungen und Wünsche. Aber sie sind gleichfalls in der Lage, diese natürlichen Bestimmungsfaktoren zu analysieren, ihre Entstehungs- und Bewegungsdynamik zu untersuchen, sie kritisch zu evaluieren. Menschliche Lebewesen sind in der Lage deswegen, anders als andere Lebewesen, die nur Antriebe, Neigungen und Wünsche haben, (in der Sprache Harry Frankfurts, 1995, ausgedrückt) »Wünsche und Volitionen zweiter Ordnung« zu haben. Das macht sie zu reflektierenden Personen, die sich von sich distanzieren und überlegen können, was für einen Willen sie haben wollen, das heißt was sie wirklich wünschen wollen. Sie haben die keineswegs selbstverständliche Kompetenz, Wünsche zweiter Ordnung, Wünsche über Wünsche zu haben. Das unterscheidet sie von den »wantons« oder »Wünschlingen« (Frankfurt, 1995), die nur Wünsche erster Ordnung haben können. Ein »wanton« wäre demnach ein Lebewesen, das wünscht, ohne prüfen zu können, ob es wirklich wünschen will, so zu wünschen, wie es faktisch wünscht. Ein »wanton« will Gegenstände, Objekte, Dinge, aber ist nicht der Lage, reflexiv zu wollen, das heißt, Wünsche über Wünsche (und nicht über Gegenstände und Dinge) zu entwickeln.

Gerade diese Fähigkeit der Selbstevaluation oder der Bewertung des eigenen Willens als der Gesamtheit der eigenen Wünsche und Motive macht ein wesentliches Merkmal von Personen aus. Personen können wünschen, andere Personen als die Personen, die sie gerade sind, zu sein, einen anderen Willen als den Willen zu haben, den sie jetzt gerade haben. Sie können wünschen, andere Wünsche und Motive als die Wünsche und Motive zu haben, die gegenwärtig ihren Willen ausmachen. Dieses reflexive, kritische Wünschen und Wollen ist eine bestimmte Kompetenz, die nicht allen Lebewesen zukommt. Bei dieser Kompetenz handelt es sich um die Fähigkeit, sich bewusst zu machen oder zu vergegenwärtigen, welche Wünsche und Motive man hat, und auf der Basis einer solchen Vergegenwärtigung kritisch zu prüfen, ob man solche Wünsche und Motive wirklich haben will oder ob man sich selbst doch nicht andere Wünsche und Motive wünscht. Gerade diese Fähigkeit der kritischen Evaluation und Bewertung des eigenen Wünschens und Wollens ist das, worüber die sogenannten »wantons« nicht verfügen. Diese wollen bestimmte Dinge. Sie haben nur Wünsche und Volitionen erster Ordnung. Sie machen sich keine Gedanken über die Struktur ihres Wollens: »they do not care about what they want«. Ihre Wünsche und Motive führen sie dazu, Bestimmtes zu tun, um sie zu befriedigen. Aber sie wollen keine alternativen Wünsche. Sie kümmern sich nicht um die Beschaffenheit ihres Wollens und Wünschens. Ihnen ist die Struktur ihres Wollens nicht wichtig. Sie kann auch für sie weder ein Problem noch der Gegenstand ihres einfachen Denkens werden. Ihr Wollen und Wünschen hat als Bezug nur Gegenstände, nicht das Wünschen und Wollen selbst.

Menschliche Lebewesen wünschen und wollen wie die »wantons«. Darüber hinaus aber sind sie in der Lage, sich Gedanken über die Struktur dieses Wünschens und Wollens zu machen. Ihnen ist es nicht gleichgültig, was sie wünschen und wollen. Ihnen liegt daran, manchmal ein anderes Wünschen und Wollen, einen anderen besseren Willen zu haben. Und um einen solchen anderen besseren Willen kümmern sie sich, wenn sie kritisch überlegen und deliberieren, zum Beispiel, was sie sonst noch wollen können oder wollen sollten, wenn sie dieses oder jenes erreichen oder wenn sie anders sein wollen. Menschen sind am eigenen Wünschen und Wollen interessiert, an deren Struktur und an deren Alternativen: »they care about what they want« (Frankfurt, 1995). Dies lässt menschliche Lebewesen anders als die anderen Lebewesen sein. Sie können im Unterschied zu diesen auf bewusste, kritische Weise alternative Wünsche, Motive und Präferenzen entwickeln und zu befriedigen versuchen. Sie denken kritisch nach, prüfen, evaluieren und bewerten. Sie sammeln eigeninteressiert Informationen über das, was möglich ist, was sie wollen und tun können, um auf dieser Basis dann festzulegen, was sie wirklich wollen und tun wollen. Sie sind aktiv Handelnde und aktiv Wollende, die sich bewusst gemacht haben, wie ihr Wille genau aussieht und welche volitiven bzw. strategischen Optionen sie haben. Sie investieren Energie, Gefühle und Interessen in bestimmte Vorhaben, die sie für wertvoll erachten. Sie haben und prüfen ihre eigenen Anliegen und legen fest, welche die Anliegen sind, die sie präferenziell behandeln und verfolgen wollen. Mit den bewusst gewollten und verfolgten Anliegen identifizieren sie sich selbst. Diese werden dadurch zu einem wichtigen Moment ihrer persönlichen Identität.

Die Tätigkeit der kritischen Bewertung der Wünsche erster Ordnung gehört wesentlich zu dem, was man eine personale Lebensführung nennen könnte. Sie ist ein Teil der allgemeinen kritischen Evaluation des eigenen Lebens und der eigenen Identität. Solche Evaluationen, die Evaluation der eigenen Volitionen sowie die Evaluation des eigenen Lebens und der eigenen personalen Identität, geschehen immer auf der Basis konkreter Kriterien sowie »dichter Beschreibungen« (Ryle, 1969; Geertz, 1987) und Argumente.

Das personale Leben menschlicher Individuen ist ein komplexer Prozess des Leidens und Handelns, des Bestimmtseins und des Bestimmenkönnens. In einem solchen Leben sind die Individuen beides zugleich: Objekte und Subjekte. Verschiedene Dinge widerfahren ihnen. Außerdem leiden sie unter Lebensbedingungen, die sie selbst nicht gewählt haben. Und sie lernen, aktiv mit solchen Bedingungen umzugehen sowie immer mehr zu bestimmen, was sie tun und wer sie sein wollen. Von der Vergangenheit werden sie geprägt. Aber sie machen die Erfahrung, dass sie mit der Vergangenheit brechen können, wenn sie in der Gegenwart lernen, souverän ihre Zukunft zu planen und aktiv zu gestalten. Viele ihrer Vorstellungen und Überzeugungen haben sie einfach passiv übernommen. Aber sie können in der Gegenwart überlegen, welche von ihnen sinnvoll sind und welche nicht, so dass sie die Möglichkeit haben, die produktiven und die weiterbringenden zu behalten respektive die unproduktiven, falschen abzustoßen.

Das Leben menschlicher Lebewesen hat eine dialektische Struktur. Die es lebenden Subjekte sind nicht nur Subjekte, sondern auch und zugleich Objekte: aktiv bestimmende und passiv bestimmte Individuen. In diesem dialektischen Leben können sich die Individuen darum bemühen, bewusst und aktiv ihr Wohlergehen zu fördern bzw. bessere Lebensverhältnisse und Lebensvollzüge zu erzielen.

Gerd Jüttemann (2007) nennt den komplexen Prozess der Subjekt- respektive Selbstwerdung, der das Leben menschlicher Lebewesen wesentlich charakterisiert, »Autogenese«. »Autogenese« fasst Jüttemann im Einzelnen als eine Gesamtheit von »Erlebens- und Verhaltensweisen« auf, die die Funktion haben, dem Urmotiv eines jeden menschlichen Lebens zu dienen, nämlich: »aus sich selbst und seinem Leben das Beste zu machen« (Jüttemannn, 2007, S. 11).

Selbstwerdung und Persönlichkeitsentwicklung sind in der Tat prozesshafte Optionen, die beseelten Wesen zur Verfügung stehen. Um sie zu realisieren, braucht man unterschiedliche psychische Kompetenzen sowie deren guten Vollzug: um- und weitsichtiges Wahrnehmen, sachangemessene Entwicklung von Wünschen und Präferenzen, förderliches bzw. produktives Wollen, vernünftige Überlegungen und Denkprozesse. Der Vollzug all dieser Funktionen ist aber nicht auf ein selbstständiges Seelensubstrat angewiesen, das als Träger sie alle verknüpfen und ermöglichen würde. Wir als Lebewesen vermögen sie zu vollziehen. Es sind unsere Funktionen und Kompetenzen und keineswegs die Funktionen oder Kompetenzen einer angenommenen substanziellen Seele.

Menschliche Lebewesen sind beseelt. Kollektive Akteure, Wir-Subjekte oder gar die Menschheit sind aber nicht beseelt, selbst wenn sie eine Reihe von Funktionen realisieren, die an die einzelnen psychischen Funktionen individueller Lebewesen erinnern. Fälle von kollektiver Handlungssubjektivität bzw. Intentionalität lassen sich nicht leugnen. Es gibt Regierungen, Firmen, politische Parteien, Expertengruppen usw., die dieses oder jenes tun und denen, anders als beispielsweise Märkten, (eine kollektive) Intentionalität zugesprochen werden kann, denn sie repräsentieren kollektiv Weltzustände, entwickeln Anliegen, Vorhaben und Handlungsprogramme, und, was besonders wichtig ist, sind in der Lage, ihre Informationen und Vorhaben so zu verarbeiten, dass sie in Weltvorgänge eingreifen und dabei etwas bewirken können. Alles, was diese kollektiven Akteure oder Wir-Subjekte (gleichgültig wie man sie im Einzelnen auffasst) tun, lässt sich aber begreifen, ohne eine kollektive Seele oder einen kollektiven Geist zu unterstellen, die Träger der verschiedenen repräsentationalen, dispositionalen, volitiven und handlungsbezogenen Funktionen wären.

Solche Fälle kollektiver Intentionalität oder Handlungssubjektivität sind nicht leicht zu analysieren. Auf die Frage, um wessen Intentionalität bzw. Subjektivität es sich bei ihnen handelt, lassen sich mehrere Antworten geben. Man kann der Meinung sein, dass einzelne Individuen die Träger der kollektiven Absichten sind, oder aber, dass nur Individuen, die gemeinsam agieren, als Subjekte solcher kollektiver Absichten und Vorhaben infrage kommen. Schließlich könnte man die Existenz kollektiver Akteure oder von

Kollektiven annehmen und diesen erst kollektive Intentionalität zusprechen. Allerdings, genauso wie bei den individuellen Handlungssubjekten, braucht man keine Substanzseele, um kollektive Intentionalität und Handlungssubjektivität zu attribuieren.

An dieser Stelle scheint es sinnvoll zu sein, noch einmal an Wilhelm von Ockhams Sparsamkeitsprinzip zu erinnern. In der Tat: Viele Existenzunterstellungen sind ganz überflüssig, selbst wenn unser Alltagsverstand uns dazu verleitet, mit ihnen zu arbeiten. Ob es eine persistierende unsterbliche Substanzseele gibt oder nicht, können wir nicht beweisen. Es mag sein, dass die Annahme einer solchen Substanzseele als Trägerschicht für seelische Funktionen in irgendeinem Argumentationskontext nahegelegt wird. Ich habe hier lediglich dafür argumentiert, dass wir sie nicht brauchen. Gute und angemessene Erklärungen einzelner psychischer Funktionen kommen ohne die Annahme einer Substanzseele aus. Keiner zwingt uns, bezüglich der Existenz einer solchen Seele Position zu beziehen. Die Erklärungen, auf die wir angewiesen sind, lassen sich ohne Substanzseelen gut bewerkstelligen.

Konsequente Funktionalisierung

In seinem ersten systematischen Werk aus dem Jahr 1910 »Substanzbegriff und Funktionsbegriff. Untersuchungen über die Grundfragen der Erkenntniskritik« unterscheidet Cassirer zwischen Substanzbegriffen und Funktionsbegriffen mit der Absicht, das Charakteristikum der modernen Naturwissenschaft zu erfassen. In der Schrift kritisiert Cassirer die aristotelische Konzeption von Substanzbegriffen, die sich vornehmen, das Wesen der Dinge, ihre »substanziellen Formen« zu erfassen. Solche Substanzbegriffe unterstellten eine Ontologie substanzieller Formen. Die Funktionsbegriffe hingegen, die für die moderne Naturwissenschaft charakteristisch seien, stellten konstruktive Schemata bereit, die erlaubten, verschiedene Wirklichkeitsausschnitte zu erkennen. Die sogenannten Erkenntnisgegenstände würden in einem Netz von Funktionsbegriffen »konstituiert«. Auf die Weise generalisiert Cassirer in seinem Werk »Substanzbegriff und Funktionsbegriff« die mathematische funktionale Begriffssprache. Von ihr ausgehend deutet er die moderne Naturerkenntnis als eine wissenschaftliche Erkenntnis, die sich funktionaler Begriffe bedient.

Das Werk Cassirers erweist sich im Einzelnen als eine begriffstheoretische Abhandlung, die historisch-rekonstruktiv vorgeht. Cassirer rekonstruiert im Einzelnen eine Reihe von maßgebenden Theorien über Begriffsbildung, Zahlbegriffe, den Raumbegriff und überhaupt geometrische Begriffe, die naturwissenschaftliche Begriffsbildung und den Wirklichkeitsbegriff und andere. Angeleitet wird er dabei vom Motiv einer konsequent relationalen und funktionalen Bestimmung (natur-)wissenschaftlicher Begriffe, die nach Cassirer keine Wesens- bzw. Substanzbegriffe mehr sein können. Cassirer kritisiert Aristoteles, weil er die Kategorie der Relation zu einer untergeordneten Stellung herabgedrückt und im Sinne einer Dingontologie das kategoriale Grundverhältnis eines Dinges zu seinen Eigenschaften zum leitenden Gesichtspunkt gemacht habe (Cassirer, 1980, S. 10).

Gegen Aristoteles greift Cassirer auf »die Logik mathematischer Funktionsbegriffe« zurück, in der die Eigenschaften durch allgemeine Regeln (d. h. durch eine »Gesamtreihe möglicher Bestimmungen«) ersetzt würden. Weiterhin formuliert Cassirer (1980, S. 29): »[ ] je mehr der Begriff gleichsam von allem dinglichen Sein entleert wird, um so mehr tritt auf der andern Seite seine eigentümliche funktionale Leistung hervor. Die festen Eigenschaften werden durch allgemeine Regeln ersetzt, die uns eine Gesamtheit möglicher Bestimmungen mit einem Blick überschauen lassen. Diese Verwandlung, diese Umsetzung in eine neue Form des logischen ›Seins‹ bildet die eigentlich positive Leistung der Abstraktion.« Die mathematischen Funktionsbegriffe sind abstrakte Begriffe, die Relationen abbilden. In ihnen geht es um die »Verflechtungszusammenhänge von Elementen« und nicht um die dinghaft gedachten einzelnen Elemente (Cassirer, 1980, S. 31). Um Relationen, um die Reihenformen und um Gesetze, welche Einzelglieder verknüpfen, geht es also und nicht um selbstständige, substanziell gedachte Entitäten. Was für die Mathematik gilt, gilt nun auch für die moderne Naturwissenschaft, die eine mathematisierte Wissenschaft ist.

Die abstrakten Funktions- und Relationsbegriffe sind die Begriffe, die sich in der modernen Naturwissenschaft durchsetzen. In dieser werden die Erkenntnisgegenstände (die epistemischen Objekte) nach Cassirer »konstruiert«. »Der ›starre‹ Körper der reinen Geometrie (heißt es bei Cassirer, 1980, S. 159) muss an die Stelle des wahrnehmbaren Körpers und seiner schrankenlosen Veränderlichkeit gesetzt werden, wenn die Grundlegung der exakten Bewegungslehre gelingen soll.« Und »der starre Körper der reinen Geometrie« ist eine Konstruktionsleistung, so wie die reine Bewegung eine relationale Konstruktion von Raum und Zeit ist.

Wenn Cassirer von »Konstruktionen« redet, dann meint er immer das Ersetzen der unmittelbar beobachtbaren Größen oder Tatsachen durch »ideelle« Größen, Schemata und Strukturen, die wir gedanklich an ihre Stelle setzen (Cassirer, 1908, S. 171). Und dieses »Ersetzen« ist immer eine holistische Angelegenheit, denn wir tun es, indem wir Systeme von Begriffen dafür verwenden. Im Folgenden findet man den signifikanten Satz, dass wir die »Tatsachen« nur »kraft der Gesamtheit der Begriffe« besitzen (S. 194). Dort heißt es ebenfalls: »Der einzelne Begriff kann daher niemals für sich allein an der Erfahrung gemessen und beglaubigt werden, sondern er erhält diese Bestätigung stets nur als Glied eines theoretischen Gesamtkomplexes. Seine »Wahrheit« bekundet sich zunächst in den Folgerungen, zu denen er hinführt; in dem Zusammenhang und der systematischen Geschlossenheit der Erklärungen, die er ermöglicht« (S. 194).

Die moderne Wissenschaft, so wie Cassirer sie versteht, liefert deswegen kein Abbild der Wirklichkeit, sondern eine »Verknüpfungsstruktur von Gründen und Folgen« (Cassirer, 1980, S. 218). Ihre Begriffe sind funktionaler und relationaler Natur. Sie sind strukturell aufeinander bezogen und ermöglichen uns dadurch das Erkennen von Wirklichkeitsausschnitten. Hierin besteht ihre Funktion. In ihnen haben wir Welt, Wirklichkeit. Mit anderen Worten: wir haben Welt und Wirklichkeit in den Strukturverhältnissen, die die Funktionsbegriffe der modernen Wissenschaft sind.

Ernst Cassirers detailliert beschriebener Transformation der traditionellen naturphilosophischen Substanzbegriffe in Funktionsbegriffe lässt sich eine fruchtbare Perspektive für die Auffassung des Begriffs der menschlichen Seele entnehmen. Diese wäre nicht mehr, würde man Cassirer folgen, im Sinne eines Substanzbegriffs zu deuten, sondern konsequent funktionalistisch. Eine solche Seele würde viele Probleme vermeiden, die man sich einhandelte, wenn man an einer substanzialistischen Konzeption festhielte. Konsequent funktionalistisch lässt sich die menschliche Seele als eine Gesamtheit von Funktionen, Leistungen, Vermögen oder Kompetenzen denken, die wir Menschen als lebendige Organismen haben bzw. in der Lage sind zu vollziehen. Solche Seelenfunktionen vollziehen wir als die »beseelten«, das heißt lebendigen Körper, die wir sind. Eine »Seelensubstanz« ist dafür keineswegs nötig.

Literatur

Ainslie, G. (2001). Breakdown of Will. Cambridge: Cambridge University Press.

Anscombe, G. E. M. (1981). Metaphysics and the Philosophy of Mind (Collected Philosophical Papers, Bd. II). Oxford: Blackwell Publishing.

Aristoteles (1987). Vom Himmel, Von der Seele, Von der Dichtkunst (2. Aufl.). Übers. u. hrsg. von O. Gigon. München: DTV.

Aristoteles (1995). Topik. Sophistische Widerlegungen (Philosophische Schriften 2). Hamburg: Meiner.

Aristoteles (1997). Kleine naturwissenschaftliche Schriften (Parva naturalia) Übers. u. hrsg. von E. Dönt. Stuttgart: Reclam.

Aristoteles (2011). De anima. Über die Seele. Übers. u. hrsg. von G. Krapinger. Stuttgart: Reclam.

Armstrong, D. M. (1993). A Materialist Theory of Mind (International Library of Philosophy). London: Routledge.

Baker, L. R. (2000a). Persons and Bodies. A Constitution View. Cambridge, UK.: Cambridge University Press.

Baker, L. R. (2000b). Die Perspektive der ersten Person: Ein Test für den Naturalismus. In G. Keil, H. Schnädelbach (Hrsg.), Naturalismus. Philosophische Beiträge (S. 250–272). Frankfurt a. M.: Suhrkamp.

Barz, W. (2012). Die Transparenz des Geistes. Berlin: Suhrkamp.

Beckermann, A. (2010). Die Rede von dem Ich und dem Selbst. Sprachwidrig und philosophisch höchst problematisch. In K. Crone, R. Schnepf, J. Stolzenberg (Hrsg.), Über die Seele (S. 458–473). Frankfurt a. M.: Suhrkamp.

Benesch, H. (1988). Zwischen Leib und Seele. Grundlagen der Psychokybernetik. Frankfurt a. M.: Fischer.

Benetka, G. (2002). Denkstile der Psychologie. Das 19. Jahrhundert. Wien: WUV.

Bernecker, S. (2012). Memory. A Philosophical Study. Oxford: Oxford University Press.

Bischof, N. (1995). Struktur und Bedeutung. Eine Einführung in die Systemtheorie für Psychologen. Bern u. a.: Huber.

Bleecken, S. (1990). Welches sind die existenziellen Grundlagen lebender Systeme? Naturwissenschaften, 77, 277–282.

Braitenberg, V. (1993). Vehikel. Experimente mit kybernetischen Wesen. Reinbek: Rowohlt.

Brentano, F. (1874). Psychologie vom empirischen Standpunkt. (Unveränderter Nachdruck v. 1973 der Ausgabe von 1924). Hamburg: Meiner.

Brožek, J. (1973). Psychologia of Marcus Maurulus (1450–1524). Episteme, 7, 125–131).

Budd, M. (1991). Wittgenstein's Philosophy of Psychology. London: Routledge.

Bühler, K. (1927/1978). Die Krise der Psychologie (2. Aufl. v. 1929; unveränderter Druck 1978). Frankfurt a. M. u. a.: Ullstein.

Bühler, K. (1934/1999). Sprachtheorie: die Darstellungsfunktion der Sprache (3. Aufl.; ungekürzter Neudr. 1999). Stuttgart: Lucius & Lucius.

Bühler, K. (1936). Die Zukunft der Psychologie und die Schule (Schriften des pädagogischen Instituts der Stadt Wien). Wien u. Leipzig: Deutscher Verlag für Jugend und Volk Gesellschaft m.b.H.

Busche, H. (2001). Die Seele als System. Aristoteles' Wissenschaft von der Psyche. Hamburg: Meiner.

Bushuven, S. (1993). Ausdruck und Objekt: Wilhelm Wundts Theorie der Sprache und seine philosophische Konzeption ursprünglicher Erfahrung. Münster u. New York: Waxmann.

Campbell, J. (1994). Past, Space, and Self. Cambridge, Mass.: MIT Press.

Cassirer, E. (1980). Substanzbegriff und Funktionsbegriff. Untersuchungen über die Grundfragen der Erkenntniskritik. Darmstadt: Wissenschaftliche Buchgesellschaft.

Collins, A. W. (1987). The Nature of Mental Things. Notre Dame, Indiana: University of Notre Dame Press.

Crane, T. (2007). Intentionalität als Merkmal des Geistigen. Sechs Essays zur Philosophie des Geistes. Frankfurt a. M.: Fischer Taschenbuch Verlag.

Danziger, K. (1997). Naming the Mind. How Psychology Found its Language. London: SAGE.

Davidson, D. (1990). Wahrheit und Interpretation. Frankfurt a. M.: Suhrkamp.

Davidson, D. (1991). Inquiries into Truth and Interpretation. Oxford: Oxford University Press.

Davidson, D. (2005). Truth, Language, and History. Oxford: Oxford University Press.

Dennett, D. (1992). Intentionale Systeme in der kognitiven Verhaltensforschung. In D. Münch (Hrsg.), Kognitionswissenschaft. Grundlagen, Probleme, Perspektiven (S. 343–386). Frankfurt a. M.: Suhrkamp.

de Sousa, R. (1990). The Rationality of Emotion. Cambridge, MA: MIT Press.

Detel, W. (2005). Aristoteles. Leipzig: Reclam.

Dewey, J. (1991). How we think. New York: Prometheus Books.

Dewey, J. (2008). Logik. Die Theorie der Forschung. Frankfurt a. M.: Suhrkamp.

Di Franco, M. (2009). Die Seele. Begriffe, Bilder und Mythen. Stuttgart: Reclam.

Dretske, F. (1981). Knowledge and the Flow of Information. Cambridge, MA: MIT Press.

Düring, I. (1966). Aristoteles. Darstellung und Interpretation seines Denkens. Heidelberg: Universitätsverlag Winter GmbH.

Düsing, K. (1997). Selbstbewusstseinsmodelle. Moderne Kritiken und systematische Entwürfe zur konkreten Subjektivität. München: W. Fink Verlag.
Eder, J., Rembold, H. (1992). Biosemiotics – a Paradigm of Biology. Naturwissenschaften, 79, 60–67.
Elster, J. (1999). Alchemies of the Mind. Rationality and the Emotions. Cambridge: Cambridge University Press.
Euler, W. (2002). Die Suche nach dem »Seelenorgan«. Kants philosophische Analyse einer anatomischen Entdeckung Soemmerings. Kant-Studien, 93, 453–480.
Flashar, H. (2013). Aristoteles. Lehrer des Abendlandes. München: Beck.
Frankfurt, H. (1995). The Importance of What We Care About. Philosophical Essays. Cambridge: Cambridge University Press.
Frege, G. (1918). Der Gedanke. Eine logische Untersuchung. In G. Frege, Logische Untersuchungen (Hrsg. von G. Patzig, 1966) (S. 30–52). Göttingen: Vandenhoeck & Ruprecht.
Frijda, N. (1986). The Emotions. Cambridge: Cambridge University Press.
Gardner, H. (1989). Dem Denken auf der Spur. Der Weg der Kognitionswissenschaft. Stuttgart. Klett-Cotta.
Geertz, C. (1987). Dichte Beschreibung. Beiträge zum Verstehen kultureller Systeme. Frankfurt a. M.: Suhrkamp.
Gigon, O. (1959). Grundprobleme der antiken Philosophie. Bern u. München: Francke.
Gil, T. (2003). Rationalität des Handelns. Paderborn: Fink.
Gil, T. (2004). Personen. Berlin: Parerga.
Gil, T. (2008). Formen des Denkens. Hannover: Wehrhahn.
Gil, T. (2014). Psychische Funktionen. Hannover: Wehrhahn.
Gil, T. (2012). Mind Functions. Hannover: Wehrhahn.
Gordon, R. M. (1990). The Structure of Emotions. Investigations in Cognitive Psychology, Cambridge: Cambridge University Press.
Greve, W. (2000) (Hrsg.). Psychologie des Selbst. Weinheim: PVU.
Guttenplan, S. D. (Hrsg.) (1994). A Companion to the Philosophy of Mind. Oxford, UK: Blackwell.
Habermas, J. (1984). Vorstudien und Ergänzungen zur Theorie des kommunikativen Handelns. Frankfurt a. M.: Suhrkamp.
Hägler, R.-P. (1994). Kritik des neuen Essentialismus. Logisch-philosophische Untersuchungen über Identität, Modalität und Referenz. Paderborn u. a.: Schöningh (Habilitationsschrift Universität Tübingen 1990).
Hagner, M. (2000). Homo cerebralis: der Wandel vom Seelenorgan zum Gehirn. Frankfurt a. M.: Insel.
Hasker, W. (2001). The Emergent Self. Ithaca, NY: Cornell University Press.
Heidegger, M. (2004). Die Grundbegriffe der Metaphysik. Herausgegeben von Friedrich-Wilhelm von Herrmann (3. Aufl.). Frankfurt a. M.: Vittorio Klostermann.
Heidelberger, M. (1988). Fechners Leib-Seele-Theorie. In J. Brožek, H. Gundlach (Eds.), G. T. Fechner and Psychology. International Gustav Theodor

Fechner Symposium Passau, 12 to 14 June 1987 (S. 61–77). Passau: Passavia Universitätsverlag.

Holenstein, E. (1983). Zur Semantik der Funktionalanalyse. Zeitschrift für allgemeine Wissenschaftstheorie, 14, 292–319.

Jahn, T. (1987). Zum Wortfeld ›Seele-Geist‹ in der Sprache Homers. München: Beck.

James, W. (1890). The Principles of Psychology (Nachdruck 1952). Chicago u. a.: Encyclopaedia Britannica, Inc.

Janich, P. (2006). Was ist Information? Frankfurt a. M.: Suhrkamp.

Jüttemann, G. (2007). Persönlichkeit und Selbstgestaltung. Der Mensch in der Autogenese. Göttingen: Vandenhoeck & Ruprecht.

Jüttemann, G., Sonntag, M., Wulf, C. (Hrsg.) (1991). Die Seele. Ihre Geschichte im Abendland. Weinheim: PVU. (Nachdruck: Göttingen: Vandenhoeck & Ruprecht, 2005).

Kant, I. (1786/1995). Metaphysische Anfangsgründe der Naturwissenschaft. In W. Weischedel (Hrsg.), Immanuel Kant, Schriften zur Naturphilosophie (Werkausgabe Bd. IX). Frankfurt a. M.: Suhrkamp.

Kant, I. (1786/1997). Metaphysische Anfangsgründe der Naturwissenschaft (Hrsg. von K. Pollok). Hamburg: Meiner.

Kant, I. (1787/1980). Kritik der reinen Vernunft (2. Aufl.) (Hrsg. v. G. Martin, I. Heidemann, J. Kopper und G. Lehmann, 1966; unveränd. Nachdruck 1980). Stuttgart: Reclam. (B bezieht sich auf die 2. Aufl. der KdrV und A auf die erste).

Kanzian, C. (2009). Ding – Substanz – Person. Eine Alltagsontologie. Heusenstamm: ontos

Kemmerling, A. (1999). Eine handvoll Bemerkungen zur begrifflichen Unübersichtlichkeit von »Bewusstsein«. In F. Esken, H.-D. Heckmann (Hrsg.), Bewußtsein und Repräsentation (2., durchges. Aufl., S. 55–71). Paderborn: Mentis.

Kemmerling, A. (2000). Ich, mein Gehirn und mein Geist: Echte Unterschiede oder falsche Begriffe? In W. Elsner, G. Lüer (Hrsg.), Das Gehirn und sein Geist (S. 223–241). Göttingen: Wallstein.

Kläden, T. (2005). Mit Leib und Seele : Die mind-brain-Debatte in der Philosophie des Geistes und die anima-forma-corporis-Lehre des Thomas von Aquin. Regensburg: Pustet.

Kluxen, W. (1984). Seele und Unsterblichkeit bei Thomas von Aquin. In K. Kremer (Hrsg.), Seele. Ihre Wirklichkeit, ihr Verhältnis zum Leib und zur menschlichen Person (S. 66–83). Leiden u. Köln: E. J. Brill.

Köhler, W. (2004). Personenverstehen. Zur Hermeneutik der Individualität. Frankfurt a. M. u. Lancaster, UK: ontos.

Kotov, K., Kull, K. (2011). Semiosphere is the Relational Biosphere. In C. Emmeche, K. Kull (Eds.), Towards a Semiotic Biology: Life is the Action of Signs (pp. 179–194). London: Imperial College Press.

Krohs, U., Töpfer, G. (Hrsg.) (2005). Philosophie der Biologie. Frankfurt a. M.: Suhrkamp.

Kusser, A. (1989). Dimensionen der Kritik von Wünschen. Frankfurt a. M.: Athenäum.

Kutschera, F. von (1993). Die falsche Objektivität. Berlin u. New York: De Gruyter.

Lange, A. (1873/1875). Geschichte des Materialismus und Kritik seiner Bedeutung in der Gegenwart (2., veränderte Aufl.). Leipzig: Reclam.

Liske, M.-T. (2006). Lässt sich eine aristotelische Zwischenposition zwischen Dualismus und Physikalismus konzipieren? In B. Niederbacher, E. Runggaldier (Hrsg.), Die menschliche Seele: Brauchen wir den Dualismus? (S. 197–220). Heusenstamm: ontos.

List, C., Pettit, P. (2011). Group Agency. The Possibility, Design, and Status of Corporate Agents. Oxford: Oxford University Press.

Lotman, J. (2005). On the Semiosphere. (Orig. russisch 1984). Sign System Studies, 33 (1), 206–228.

Lüke, U. (2004). Auferstehung – Im Tod? Am Jüngsten Tag? In H. Kessler (Hrsg.), Auferstehung der Toten (S. 234–251). Darmstadt: WBG.

Lyre, H. (2002). Informationstheorie. Eine philosophisch-naturwissenschaftliche Einführung. München: Fink (UTB).

Mack, W. (1999). Intelligenz und Wissen. In H. Gruber, W. Mack, A. Ziegler (Hrsg.), Denken und Wissen. Beiträge aus Problemlösepsychologie und Wissenspsychologie (S. 119–150). Wiesbaden: Deutscher UniversitätsVerlag.

Mack, W. (2006). Wundts programmatisches Erbe. In G. Jüttemann (Hrsg.), Wilhelm Wundts anderes Erbe (S. 232–243). Göttingen: Vandenhoeck & Ruprecht.

Mack, W. (2007). Braucht die Wissenschaft der Psychologie den Begriff der Seele? E-Journal Philosophie der Psychologie. http://www.jp.philo.at/texte/MackW1.pdf

Mack, W. (2007a). Wie ist Sozialität möglich? Allgemeine und entwicklungspsychologische Überlegungen zur Genese des personalen und sozialen Individuums. In W. Mack, K. Röttgers, Gesellschaftsleben und Seelenleben. Anknüpfungen an Gedanken von Georg Simmel (S. 59–107). Göttingen: Vandenhoeck & Ruprecht.

Malcolm, N. (1977). Memory and Mind. Ithaca, NY: Cornell University Press.

Mandler, G. (2007). A History of Modern Experimental Psychology. Cambridge, MA: MIT Press.

Marinkovic, P. (2010). Seele – Geist ohne Körper? Exegetische Anmerkungen zum Personverständnis im Judentum der persischen und hellenistischen Zeit. In G. Gasser, J. Quitterer (Hrsg.), Die Aktualität des Seelenbegriffs. Interdisziplinäre Zugänge (S. 309–326). Paderborn u. a.: Schöningh.

Martin, R., Barresi, J. (2006). The Rise and Fall of Soul and Self. An Intellectual History of Personal Identity. New York: Columbia University Press.

Matt, G. (2004). Ein Vorschlag zur Auflösung des Trilemmas der psychophysischen Kausalität im Formalismus der Ereignisalgebra. Berlin: Verlag Dr. Köster.

Maund, J. B. (2000). Proper Functions and Aristotelian Functions in Biology. Studies in History and Philosophy of Biological and Biomedical Sciences Part C, 31 (1), 155–178.

Meixner, U. (2004). Einführung in die Ontologie. Darmstadt: Wissenschaftliche Buchgesellschaft.
Menninger-Lerchenthal, E. (1946). Der eigene Doppelgänger. Beiheft zur Schweizerischen Zeitschrift für Psychologie, Bd 11.
Metzinger, T. (2000). Die Selbstmodell-Theorie der Subjektivität: Eine Kurzdarstellung in fünf Schritten. In W. Greve (Hrsg.), Psychologie des Selbst. Weinheim: PVU.
Metzinger, T. (2005). Out-of-Body Experiences as the Origin of the Concept of a »Soul«. Mind & Matter, 3 (1), 57–84.
Miller, G. M., Miller, A. E. (2010). Artistotle's Dynamic Conception of the Psuchē as Being-alive. In S. Föllinger (Hrsg.), Was ist »Leben«? Aristoteles' Anschauungsweise zur Entstehung und Funktionsweise von Leben (S. 55–88). Stuttgart: Steiner Verlag.
Münch, D. (1992). Einleitung: Computermodelle des Geistes. In D. Münch (Hrsg.), Kognitionswissenschaft. Grundlagen, Probleme, Perspektiven (S. 7–53). Frankfurt a. M.: Suhrkamp.
Müsseler, J. (2008). Allgemeine Psychologie (2. Aufl.). Springer: Heidelberg.
Nagel, T. (2012). Mind and Cosmos. Why the Materialist Neo-Darwinian Conception of Nature is Almost Certainly False. Oxford, UK: Oxford University Press.
Nussbaum, M. C., Rorty, A. O. (Eds.) (1992). Essays on Aristotle's De Anima. Oxford: Clarendon Press.
Oehler, K. (1993). Charles Sanders Peirce. München: Beck.
O'Shaughnessy, B. (1980). The Will. A Dual Aspect Theory, 2 Bde. Cambridge: Cambridge University Press.
Pears, D. (1984). Motivated Irrationality. Oxford: Oxford University Press.
Piaget, J. (1967/1983). Biologie und Erkenntnis. Über die Beziehungen zwischen organischen Regulationen und kognitiven Prozessen. Frankfurt a. M.: S. Fischer.
Piccinini, G., Scarantino, A. (2011). Information Processing, Computation, and Cognition. Journal of Biological Physics, 37, 1–38;
Picht, G. (1987). Aristoteles' »De anima«. Stuttgart: Klett-Cotta.
Pitcher, G. (1971). A Theory of Perception. Princeton, NJ: Princeton University Press.
Plessner, H. (1975). Die Stufen des Organischen und der Mensch (3. Aufl.). Berlin u. New York: De Gruyter.
Pongratz, L. J. (1984). Problemgeschichte der Psychologie (2., durchges. u. überarb. Aufl.). Bern u. München: Francke (UTB).
Prinz, W. (1983). Wahrnehmung und Tätigkeitssteuerung. Berlin u. a.: Springer.
Quine, W. V. O. (1969). Ontological Relativity and Other Essays. New York: Columbia University Press.
Quine, W. V. O. (1980). Wort und Gegenstand. Stuttgart: Reclam.
Rakison, D. H., Poulin-Dubois, D. (2001). Developmental Origin of the Animate-inanimate Distinction. Psychological Bulletin, 127 (2), 209–228.
Ritter, J., Gründer, K., Gabriel, G. (Hrsg.) (1974). Historisches Wörterbuch der

Philosophie, Bd. 3 (S. 154–185). Basel: Schwabe (Lizenzausgabe für die WBG, Darmstadt).
Ritter, J., Gründer, K., Gabriel, G. (Hrsg.) (1995). Historisches Wörterbuch der Philosophie, Bd. 9 (S. 1–89). Basel: Schwabe (Lizenzausgabe für die WBG, Darmstadt).
Röttgers, K. (2007). Seele und Gesellschaft in der Sicht der Sozialphilosophie. In W. Mack, K. Röttgers (Hrsg.), Gesellschaftsleben und Seelenleben. Anknüpfungen an Gedanken von Georg Simmel (S. 10–58). Göttingen. Vandenhoeck & Ruprecht.
Runggaldier, E., Kanzian, C. (1998). Grundprobleme der analytischen Ontologie. Paderborn: Schöningh.
Russell, B. (2000). Die Analyse des Geistes. Hamburg: Meiner.
Ryle, G. (1969). Der Begriff des Geistes. Stuttgart: Reclam.
Samson, B., Detel, W. (2002). Zum Begriff nicht-mathematischer Funktionen. Analyse & Kritik, 24, 100–129.
Sartre, J.-P. (1943). L'être et le néant. Essai d'ontologie phénoménologique. Paris: Gallimard.
Schmid, H. B., Schweikard, D. P. (Hrsg.) (2009). Kollektive Intentionalität. Eine Debatte über die Grundlagen des Sozialen. Frankfurt a. M.: Suhrkamp.
Schmidt, N. D. (1995). Philosophie und Psychologie. Trennungsgeschichte, Dogmen und Perspektiven. Reinbek: Rowohlt.
Schneider, H. J. (1996). »Den Zustand meiner Seele beschreiben« Bericht oder Diskurs? Deutsche Zeitschrift für Philosophie, 44 (1), 117–133.
Schönberger, R. (2011). Seele. In P. Kolmer, A. G. Wildfeuer (Hrsg.), Neues Handbuch philosophischer Grundbegriffe, Bd. 3 (S. 1956–1970). Freiburg i. Brsg.: Herder.
Schönpflug, W. (2004). Geschichte und Systematik der Psychologie (2. Aufl.). Weinheim: Beltz.
Schönpflug, W. (2006). Einführung in die Psychologie. Weinheim u. Basel: Beltz, PVU.
Seebass, G. (1993). Wollen. Frankfurt a. M.: Klostermann.
Siebel, M. (2000). Erinnerung, Wahrnehmung, Wissen. Paderborn: Mentis.
Spitzley, T. (Hrsg.) (2005). Willensschwäche Paderborn: Mentis.
Stern, W. (1950). Allgemeine Psychologie auf personalistischer Grundlage (2. Aufl.). Haag: Nijhoff.
Strawson, P. F. (1972). Einzelding und logisches Subjekt (Individuals). Stuttgart: Reclam.
Stumpf, C. (1907). Erscheinungen und psychische Funktionen. Aus den Abhandlungen d. königl. preuss. Akademie der Wissenschaften. Berlin: Verlag der Königl. Akademie der Wissenschaften (Kessinger Legacy Reprints).
Szymanski, J. S. (1931). Wandlungen der Seelenauffassung im Laufe der Zeiten. Archiv für Psychiatrie und Nervenkrankheiten, 94 (1), 561–718.
Toepfer, G. (2010). Funktion. In G. Toepfer, Historisches Wörterbuch der Biologie (S. 644–692). Stuttgart: Metzler (Lizenzausgabe für Wiss. Buchges., Darmstadt).
Toepfer, G. (2011). Transformationen des Lebensbegriffs. Vom antiken See-

len- zum neuzeitlichen Organismuskonzept. In H. Böhme, L. Bergemann, M. Dönike, A. Schirrmeister, G. Toepfer, M. Walter, J. Weitbrecht (Hrsg.), Transformation. Ein Konzept zur Erforschung kulturellen Wandels (S. 137–181). München: W. Fink Verlag.
Voigt, U. (2008). Aristoteles und die Informationsbegriffe. Würzburg: Ergon.
Waismann, F. (1983). Wille und Motiv. Zwei Abhandlungen über Ethik und Handlungstheorie. Hrsg. von J. Schulte. Stuttgart: Reclam.
Warren, M. A. (1997). Moral Status. Obligations to Persons and Other Living Things. Oxford: Oxford University Press.
Weber, M. (2005). Holism, Coherence and the Dispositional Concept of Functions. Annals of the History and Philosophy of Biology, 10, 189–201.
Weizsäcker, C. von (1982). Die Einheit der Natur (2. Aufl.). München: dtv.
Welsch, W. (2012). Der Philosoph. Die Gedankenwelt des Aristoteles. München: W. Fink Verlag.
Wierzbicka, A. (1989). Soul and Mind: Linguistic Evidence for Ethnopsychology and Cultural History. American Anthropologist, 91 (1), 41–58.
Wiggins, D. (2001). Sameness and Substance Renewed. Cambridge: Cambridge University Press.
Wilkes, K. V. (1992). Psuchē Versus the Mind. In M. C. Nussbaum, A. O. Rorty (Eds.), Essays on Aristotle's De Anima (pp. 109–127). Oxford: Clarendon Press.
Willaschek, M. (2003). Der mentale Zugang zur Welt. Realismus, Skeptizismus und Intentionalität. Frankfurt a. M.: Klostermann.
Wittgenstein, L. (1984). Bemerkungen über die Philosophie der Psychologie (Werkausgabe, Bd. 7). Frankfurt a. M.: Suhrkamp.
Wundt, W. (1863). Vorlesungen über die Menschen- und Thierseele. Leipzig: Voß.
Wundt, W. (1874). Grundzüge der physiologischen Psychologie. Leipzig: Engelmann
Wundt, W. (1896). Grundriss der Psychologie. Leipzig: Engelmann.
Wundt, W. (1911). Die Definition der Psychologie. In W. Wundt, Kleine Schriften, Bd. 2 (S. 111–166). Leipzig: Engelmann
Zutt, J. (1953). »Außersichsein« und »auf sich selbst Zurückblicken« als Ausnahmezustand: Zur Psychopathologie des Raumerlebens. Gesammelte Aufsätze (S. 342–352). Berlin: Springer (Der Nervenarzt, 24, 24–30).